KB163485

머니 코드

THE MONEY CODE

김영기 지음

머니

부의 세계로
들어가는 비밀 암호

코드

홍익출판 미디어그룹

프롤로그

1987년 발표된 무라카미 하루키의 소설《상실의 시대》*는 우리 현대사의 질곡을 제대로 짚어낸 제목이다. '상실'은 민주화와 산업화 시대의 뒤안길에서 방황하던 젊은이들의 가슴을 아리게 했다.

하지만 당시의 '상실'은 불안과 허무라는 정서적 방황을 반영하면서도 타인의 경제적 탐욕으로부터 발생한 빈곤의 문제

---

* 원제 : 노르웨이의 숲 ノルウェイの森

까지는 포함하지 않았다. 그 시대 많은 사람들이 막걸리 한 잔에 세상 모든 고민을 얘기하면서도 '돈'에 포획되지 않으려 발버둥 쳤다. 영화 〈베테랑〉에서 배우 황정민이 내뱉은 "우리가 돈이 없지, 가오가 없냐?"라는 명대사는 우리 시대의 마지막 자존심을 상징적으로 보여준다.

하지만 세월의 흐름과 함께 상실은 치열한 생존경쟁과 배합되어 우리의 영혼까지 갉아먹기 시작했다. IMF 외환위기와 2008년 글로벌 금융 위기는 '막걸리 한 사발'이 아니라 '통장'과 '펀드'에 희로애락을 의존하는 지독한 현실주의 인간으로 만들었다. 사회경제적 이유로 연애, 결혼, 취업, 희망 등 많은 것을 포기하고 살아가는 'N포 세대'는 남의 얘기가 아니라 나 자신, 그리고 우리의 아들딸의 처절한 삶의 모습이다.

코로나19를 거치면서 치솟은 집값은 MZ세대에게 삶을 대하는 자세를 송두리째 바꿔놓았다. 선배 세대가 잔뜩 부풀려 놓은 자산 거품의 파편에 우리 젊은이들은 경쟁에서 뒤처지지 않기 위해 발버둥을 친다. 2030세대가 '영끌'* 대출까지 하며 집을 사겠다고 달려든 것은 버블로 가득한 사회에서 낙

---

*   영혼까지 끌어모으다.

오하지 않으려는 절박한 몸부림이었다.

가격이 너무 올라 도저히 집을 사지 못한 계층이 가상화폐로 자본의 차익을 만회해 보려는 행위는 안타깝고 서글프기만 하다. 2021년 말 기준 558만 명에 달하는 국내 가상자산 거래소 이용자들에게 한탕주의 투기에 빠진 사람이라고 비난의 화살을 퍼부을 수 있을까?

오죽하면 인플레이션을 치유하기 위해 '빅스텝'*, '자이언트스텝'**이라는 이름으로 금리 인상 릴레이가 이어지는 와중에도 뒤처진 자신의 경제적 신분을 바꿔보겠다고 주가 하락폭의 2배, 3배를 추종하는 '인버스inverse' 상품에 베팅하겠는가? 차라리 워라밸을 추구하고 물질적 보상보다 개인적 시간의 확보를 선호하며 삶에 대한 긍정의 끈을 놓지 않는 MZ세대의 인식이 고맙다.

우리를 분노하게 하는 것은 '상실의 시대'에 맞서 살기 위해 발을 구르는 사람들의 이기심을 이용하는 금융회사들의 탐욕이다. 경제사를 돌이켜보면 수많은 사람들이 위기를 겪

---

*   원래 통상 기준 금리를 인상할 때는 대개 0.25%를 기준으로 하는데, 이것의 2배인 0.5%를 한 번에 인상하는 것

**   빅스텝을 넘어 한 번에 0.75%의 금리를 인상하는 것

고도 욕심을 버리지 못한 채 과거의 아픈 시간을 망각하고 또다시 거대한 손실의 블랙홀로 빨려 들어간다. 그리스 신화에 나오는 '이카루스의 날개'는 인간의 탐욕을 함축적으로 드러낸 표현이다. 밀랍으로 만든 날개로 끝없이 하늘로 올라가던 이카루스는 자신을 비상하게 한 밀랍이 태양열에 녹아버리자 결국 바다로 추락한다.

'10년 주기설'은 인간의 망각이 불러오는 몰락의 역사다. 미국 경제학자 존 케네스 갤브레이스John Kenneth Galbraith가 《금융 도취의 짧은 역사A Short History of Financial Euphoria》에서 '금융의 세계만큼 역사의 교훈으로부터 가르침을 받지 못하는 분야도 없다'고 꼬집은 것은 반복되는 위기를 망각한 채 탐욕에 빠져 또 다른 위기에 처하는 인간의 초라함을 묘사한다. 오죽하면 '금융 기억상실증financial amnesia'이라는 경제학 용어가 만들어졌을까?

인간의 이기적 욕망을 탓하면서도 이를 부추기고, 심지어 이를 이용해 돈을 벌어들이는 금융회사들의 행위와 이를 제어하지 못하는 정부의 모습을 보면 감정을 억누르기 쉽지 않다. 코로나19로 수많은 자영업자와 젊은이들이 이자조차 내지 못해 애를 태우는 동안 금융회사들은 사상 최대의 이익을 향유했다. 금융회사들은 이 순간에도 교묘한 수학 공식으로 우리의 지갑을 유혹한다. 금융회사들이 파놓은 '돈의 덫'은 더욱 진화한 형태로 우리의 목줄기를 향하고 있다. 2010년에 펴낸《돈의 함정》을 통해 금융회사의 탐욕을 질타하며 '착한 얼굴'을 기대했지만 진화된 버전의 책을 내놓는 이 순간 오히려 더 일그러진 모습으로 바뀌었다.

정부는 어떤가? 물가가 치솟는 와중에 돈을 뿌리는 것은 위험천만한 도박 행위다. 진보 정부의 돈 풀기를 욕하던 보수 정부는 집권하자마자 천문학적인 돈을 뿌렸다. 코로나로 고생한 사람들에 대한 손실보상용이라고 하지만 선거 이틀을 앞두고 현금을 뿌리는 것까지 순수하게 바라볼 수 있을까? 마구 돈을 뿌린 후 난수표와 같은 '조세租稅 기술'로 세금을 거둬들이는 행위는 예나 지금이나 변함이 없다.

이제 개인도, 금융회사도, 정부도 탐욕의 발길을 멈출 때가 됐다. '민스키 모멘트Minsky Moment'라는 말이 있다. 미국 경제학자 하이먼 민스키Hyman Minsky가 제기한 이 이론은, 부채 위에 자산 가치가 모래 위에 세워진 성과 같이 커지지만, 과도한 부채로 쌓아올린 경제는 어느 시점에 무너지게 되어 있음을 증명한다.

불공정한 기회와 탐욕에 사로잡힌 집단으로부터 생긴 우리 세대의 거품과 그로부터 생긴 상처가 더는 후배 세대의 상실감으로 이어져서는 안 된다. 비틀린 욕망이 사라질 때 '그 많은 돈은 다 어디로 갔을까?'라는 서민들의 헛헛한 푸념도

'성실하게 저축하니 돈을 벌 수 있네' 하는 포만감 섞인 웃음으로 바뀔 수 있을 것이다.

이 책을 내놓기까지 많은 분들의 도움이 있었다. 결함 많은 글을 보충해 주고 예쁘게 만들어 준 홍익출판미디어그룹 식구들에게 깊은 감사의 마음을 전한다. 특히 옆에서 묵묵히 동반자 역할을 해준 아내 나경과 내 생명보다 소중한 딸 서진에게 고마움을 표한다.

김영기

금융

금융회사에 속고 있다

금융회사는 오랜 세월 고객이 그들을 향해 충성을 다하더라도 다양한 기교를 부리며 교묘하게 배신한다. 오히려 '잡은 물고기'라며 찬밥 대우를 하기 일쑤다. 믿는 도끼에 발등을 찍혔다고 하소연해도 어쩔 수 없다. 그들은 자신에게 얼마나 도움을 주었는지를 보는 것이지 단골이라고 반가워하지 않는다.

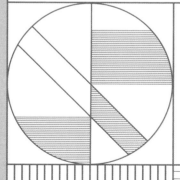

1 당신은 지금 금융회사에 속고 있다

2 금융회사, 야박하거나 혹독한

3 공짜 점심은 없다

4 펀드는 황금알을 낳는 거위인가?

5 보험의 유혹, 보험의 덫

당신은 지금
금융회사에 속고 있다

돈이 만들어 놓은
함정들

|

돈의 움직임을 나타내는 말 중에는 일반인에게 낯선 용어가
하나 있다. 바로 '쏠림 현상'이라는 것이다. 영어로는 'herd
behavior'라고 하는데, 더 쉬운 순우리말로 하면 '떼거리 행
동'이라고 할 수 있을 것이다.

자기에게 이익이 되면 남보다 먼저 손에 쥐려고 하는 것이
인간의 본성인데, 하물며 그 대상이 돈이라면 섶을 지고 불구

덩이에라도 뛰어들 것처럼 달려들 것이다. 개개인의 이런 욕망은 동시다발적으로 일어나기 마련이다. 유사有史 이래 수많은 경제학자가 천재적인 두뇌로 인간의 경제적 욕망을 풀이하는 등식을 만들고 해결점을 찾으려 했지만, 무차별적 쏠림 현상 앞에서는 무용지물이었다.

금융회사들은 인간의 이기적 욕구에 깔린 함정을 파고든다. 투자의 맨 앞에 있는 증권사는 물론이고 그나마 서민들을 위하는 것처럼 보이는 은행들마저 '선善'이라는 가면을 쓴 채 '이자收益'로 유혹하며 돈을 쥔 사람들을 꼬드긴다.

금융회사들은 복잡 미묘한 수학 방정식을 동원해 온갖 기묘한 상품을 만들어 낸다. 이들은 단 0.01%의 이자라도 더 받고 싶어 하는 사람들을 유인한다. 일반인은 물론 경제에 비교적 밝은 사람들조차 단어만 보고는 이해할 수 없는 '파생상품'이라는 것들도 실상은 컴퓨터가 계산해 낸 등식을 이용해서 남보다 조금이라도 높은 수익을 얻으려는 사람의 심리를 이용하는 것에 불과하다.

머리 좋은 사람들이 공부한다는 '금융공학'이라는 학문은 기계와 수학의 결합을 통해 돈의 흐름을 알아내고, 이 결과물로 돈이 있는 사람들을 유혹하는 방법을 연구하는 분야다. 사람들은 기계를 통해 만들어 낸 금융상품들이 가져다주는 티끌만한 수익에 때론 환호하고, 때론 비명을 지른다. 로또 복권을 추첨하는 원통에서 숫자가 찍힌 동그란 구슬이 나올 때마다 희비가 교차하는 것처럼 말이다. 사람들은 숫자 뒤에 도사린 위험을 잊은 채 겉으로 드러난 높은 이자율에 취하고, 그런 그들을 보며 금융회사들은 회심의 미소를 지으며 또 다른 상품을 만들어 낸다.

금융회사들은 고객들이 맡기는 돈으로 만족하지 못하고 부동산을 비롯한 온갖 자연의 사물을 이용해서 무형의 돈을 창출해 내고, 여기에 또 다시 고객들의 돈을 끌어들인다. 돈이 돈을 만들어 내는 형국이다.

하기야 금융회사를 욕할 것도 없다. 그들을 '악의 가면을 쓴 선의 얼굴'로 포장하게 한 것은 위험을 간과한 채 한 푼의 이자라도 더 받겠다고 나서는 투자자들이니 말이다. 세상에 공짜 돈은 없다는 평범한 진리를 잊어버리고 돈의 노예로 전락한 현대인들이 스스로 파놓은 함정, 그것이 되풀이되는 금융위기의 본질이다.

돈이 만들어 놓은 함정은 우리 주변에 많이도 깔려 있다. 두더지 게임으로 표현하자면 하나의 함정을 망치로 때려 제거하면 즉시 또 다른 함정이 고개를 든다. 그중에서도 가장 쉽게 발견되는 게 '이자'를 이용한 것이다.

금융회사들은 한 푼의 이자라도 더 거둬들이려는 사람들의 심리를 이용해 돈을 끌어들이고, 사람들은 금리를 더 주는 곳으로 벌떼처럼 몰려다닌다. 분명한 것은 아무리 높은 금리와 조건을 제시한들 금융회사들은 결코 손해 보는 장사를 하지 않는다는 사실이다.

'우대 금리'라는 그럴듯한 용어는 여기에서 만들어졌다. 우대 금리란, 말 그대로 금융상품의 기본 금리는 정해져 있는데 자기들에게 도움을 주는 고객들에게는 추가로 이자를 더 주는 것이다. 금리를 덤으로 주는 셈이다. 여기서 잊으면 안 되는 것 한 가지, 그것은 오래된 단골 고객이라고 무조건 우대해 주지 않는다는 점이다. 외려 새로운 고객을 유인하기 위해 경품들을 내걸면서 정작 '잡은 물고기_{기존 고객}'에게는 찬밥 대우를 하는 것이 금융회사의 속성이다.

설령 우대 금리를 준다고 해도 속을 들여다보면 타인에 대비해 '플러스 알파'를 주는 것처럼 교묘하게 속이고 있음을 알 수 있다. 그렇다면 우대 금리를 좇아 포털 사이트를 검색하고, 신문 기사를 샅샅이 뒤져가면서 금융회사를 찾는 우리의 실상은 '부끄러운 경제인'에 지나지 않는다. 돈을 벌어 굴리기 시작하는 길에 처음 들어선 사람들이 흔히 빠지는, 속된 말로 '초보 재테크'의 예를 우선 하나 들어보자.

금리 쇼핑의
덫

|

중소기업에 다니는 K씨는 지난 5년 동안 착실히 적금을 부어 모은 1,000만 원을 정기예금에 들기로 했다. 평소 소심한 성격 탓에 저축은행은 위험하다고 여기며 시중은행만 고집했던 그가 오래 거래해 온 A은행의 1년짜리 정기예금 금리는 지점장 전결과 본부 승인까지 해서 2.6%였다. 그런데 어느 날 그는 회사 근처 B은행 앞을 지나다가 1년짜리 정기예금의 이자가 2.8%라고 적힌 문구를 보게 되었다. 잠시 망설였지만 워낙 적은 돈도 아끼는 성격이라 곧바로 A은행 예금을 깨고 B은행 창구를 찾아 그 자리에서 새로 통장을 만드는 결단을 내렸다.

"땅을 파 봐라. 10원짜리 하나 찾을 수 있나. 아메리카노 몇 잔은 더 마실 돈이 생겼잖아!"

K는 몇 번이고 이 말을 되뇌면서 흐뭇한 표정을 지었다. 그렇다면 그는 과연 옳은 선택을 한 것일까? 결론부터 말하자면, 안타깝게도 그가 곁눈질해서 돈을 굴린 실력은 썩 탐탁지 않다. 하루에도 온갖 포털과 유튜브에서는 돈 굴리는 방법에 관한 얘기들을 쏟아내지만, 대다수 사람은 그저 어느 곳이 금리를 더 많이 주는지만 찾는다.

하지만 금융회사들을 상대로 최대한의 이익을 얻어내려면

똑똑하기만 해서는 안 된다. 열심히 공부하고 부지런한 사람만이 금융회사를 적절하게 이용할 수 있다. K의 예를 꼼꼼히 돌이켜 보자.

이날 B은행을 새로 선택함으로써 그는 당장은 아닐지 몰라도 A은행으로부터 누릴 수 있는 이른바 '주거래 은행'이라는 혜택을 잃고 말았다. 상점들이 단골에게 한 푼이라도 더 깎아주듯이 은행 역시 거래를 오랫동안, 그리고 자주 이용하는 사람들에게는 그만큼의 혜택을 준다.

은행의 입장에서 보면 단골이란 개념은 주거래 고객이다. 은행마다 차이가 있지만 주거래 고객에게는 최대 20여 가지의 혜택을 준다. 타행 송금수수료부터 자기앞수표, 잔액증명, 통장 재발행 수수료, 환전수수료, 대여금고 사용에 이르기까지 구석구석 찾아보면 챙겨볼 부분이 아주 많다.

더욱이 급여통장 하나에 각종 자동이체 거래와 카드 거래 등을 집중시켜 신용도를 착실히 쌓아올리면 점수에 따라 0.1~0.2% 정도씩 예금이나 적금의 금리를 더 받을 수 있다. 어디 그뿐인가. 추후 K가 집을 사려고 주택 담보대출을 받을 때는 단 0.1%라도 대출 금리를 적게 낼 수도 있다.

K의 사례를 좀 더 구체적으로 알아보기 위해 시중은행들이 주거래 고객을 어떻게 관리하는지 알아보자. 은행들은 고객이 은행의 실적에 얼마나 기여했는지, 속된 말로 충성을 바친 정

도에 따라 그에게 주는 혜택을 철저히 차별한다.

냉정하게 보이겠지만, 은행에 대한 고객의 충성도는 일일이 점수로 매겨진다. 은행은 이를 수치화된 등급으로 분류해서 개별 고객마다 성적표를 만들고, 통상 3개월마다 주거래 고객을 새롭게 선정한다. 고객은 자신도 모르는 사이에 중간고사, 기말고사를 꼬박꼬박 치르는 셈이다.

충성도의 기준에는 생각보다 많은 것들이 포함된다. 은행을 상대로 얼마나 예금이나 대출을 많이 했는지는 물론이고, 공과금을 자신의 은행을 통해 냈는지 등 한 개인의 세세한 생활과 연관된 것들까지 일일이 따진다.

카드를 많이 쓰면 쓸수록 당연히 점수는 높아진다. 은행이란 곳이 돈을 위해 만들어진 만큼 돈의 연결고리가 될 만한 것이면 모든 것이 점수로 환산된다. 당신은 적어도 돈에 관해서는 은행의 포로나 다름없다.

점수를 만드는 방식은 일반인이 보기에는 정말로 복잡하다. 한 은행은 보유한 상품의 수에 따라 최대 180점을 주고, 예금이나 대출도 각기 상품에 따라 점수가 다르다. 월 10만 원씩 적립하는 상품이 2점인데 비해 거치식 펀드*나 정기예금 등

---

* 처음부터 목돈을 한꺼번에 투자하는 방식

은 점수가 훨씬 높다. 대출은 100만 원에 7점이나 준다.

대출을 많이 받는 고객에게 예금이 많은 고객보다 점수를 더 많이 주는 것을 보면 은행의 장삿속이 한눈에 보인다. 대출 금리가 예금 금리보다 훨씬 높은 것처럼 기본적으로 은행에는 대출을 많이 하는 사람이 효자다. 은행은 이렇게 고객이 은행에 얼마나 충성을 바치느냐에 따라 제공하는 혜택을 달리 책정한다. 개인뿐만이 아니라 고객의 가족까지도 충성도를 판단하는 기준으로 삼는다. 주거래 등급을 산정할 때 가족의 거래 실적까지 있으면 등급을 더 올려주는 것이다. 자신뿐만 아니라 가족의 충성까지 요구하니 정말 대단하지 않은가.

충성도가 가장 높은 고객, 즉 프리미어 고객은 타행 이체수수료, ATM^{현금입출금기} 수수료 등이 모두 공짜다. 여기에 카드회사를 비롯한 계열사에서도 각종 수수료와 연회비를 면제해준다. 대형 금융그룹은 계열 증권사 공모주 청약 때 추가 배정의 혜택도 준다. 은행에 설치된 멋진 VIP룸을 이용할 수 있는 것은 당연지사다.

그럼 이 부분에서 다시 K의 사례로 돌아가 보자. 0.2%의 예금 금리를 더 받으려고 점심시간을 쪼개 다른 은행을 찾은 그는 아메리카노 몇 잔을 위해 단골로서의 위치, 즉 미래에 얻을 주거래 고객으로서의 기회를 순식간에 날려버린 것이다. 소탐

대실이라고나 할까?

    K는 결국 플러스 게임에서 실패했다. 그의 모습은 우대 금리, 추가 금리에 무조건 현혹당할 필요가 없음을 보여주는 아주 단순하면서도 소중한 사례이다. 이는 시중에 나온 각종 재테크 매체에서 초보 투자자들에게 1순위로 권하는 것이기도 하다.

    조금 무거운 단어로 말한다면 금리 쇼핑이 가져온 '분산의 함정'이라고나 할까? 한 곳에 전부 다 모아놓았으면 5,000만 원짜리 고객이 되었을 텐데, 이를 몇 개로 쪼개 놓음으로써 1,000만 원짜리 고객 대접밖에 받지 못하는 것이다. 장사하는 모든 사람에게 그렇듯이 단골 고객은 돈거래에서도 제1의 원칙인 셈이다.

함정을
역이용하라

단골을 우대하는 것은 은행만이 아니다. 증권사들도 은행 못지않다. 그들은 자신의 계좌에 얼마나 돈을 예탁해 놓느냐에 따라 고객의 등급을 산정한다. 여기에 따라 고객들로부터 받는 수수료에서 철저하게 차등을 둔다.

증권사들이 단골 고객 제도를 이용하는 가장 대표적인 사례가 공모주*다. 2022년 공모주가 선풍적 인기를 모으자 대형 S증권사는 기다렸다는 듯이 공모주에 수수료를 붙였다. 건당 2,000원의 수수료를 부과했으니 자잘한 차익으로는 수수료도 건지지 못하는 상황이 발생했다. 이후 다른 증권사들도 순차적으로 수수료를 붙였는데 여기에서도 자신들에게 돈이 되는 고객과 그렇지 않은 고객 사이에 차별을 두었다.

한 대형 증권사의 경우 온라인으로 청약을 신청하는 고객 중 VIP와 골드, 프라임 등급에게는 모두 청약 수수료를 무료로 하는 대신 패밀리 등급에는 2,000원의 수수료를 매겼다. 청약 한도 역시 온라인 신청자들은 일반 신청자의 절반만 배정해 주고 있다. 이름만 '패밀리'라고 붙이고 돈을 챙기는 것은 무서울 정도로 냉정하다.

대형 금융그룹 계열의 증권사는 한 술 더 뜬다. 이 증권사는 지점 등 오프라인으로 청약을 신청하는 고객에게는 MVP 등급을 제외하고 4,000원의 수수료를 받는다. 온라인 신청자 중 일반 등급은 1,500원으로 그나마 다른 증권사에 비해 500원이 싸다. 만 65세 이상의 경로자에게는 수수료를 면제해 주는

데 수수료 책정에서도 경로 우대가 있는 게 이채롭다.

이 증권사 역시 IRP^{개인형 퇴직연금} 계좌를 갖고 있거나 CMA^{자산관리계좌} 3개월 평잔^{평균잔액}이 2,500만 원 이상인 고객에게는 청약 한도를 우대해 준다. 심지어 '마이 데이터'라는 제도 아래 다른 금융회사의 자산 현황을 알게 해주면 청약 한도를 올려주고 스타벅스 커피도 준다. 증권사들은 이처럼 일반 주식 투자가 무서워 공모주로 한 푼이라도 벌어보려는 고객들에게도 철저하게 돈 되는 고객과 그렇지 않은 고객을 차별한다.

'스타벅스 마케팅'은 금융회사들이 돈을 벌기 위해 전가의 보도처럼 이용되고 있다. 그나마 일반적인 마케팅이라면 모를까, 이른바 '빚투'를 하도록 유인하는 데까지 이런 마케팅 방법을 동원하기도 한다.

한 대형 증권사의 경우 '신용이자율 할인 이벤트'라는 이름으로 '신용', 즉 빚을 내서 주식에 투자하는 사람에게는 연 2% 이자율과 함께 스타벅스 커피를 주는 행사를 했다. 기왕 빚투를 할 바에 커피 쿠폰도 받으면 좋지 않으냐고 할지 모른다. 하지만 주식으로 집 날리는 사람들 대부분이 빚투로 깡통계좌가 발생해 생기는 것이라는 사실을 한 번쯤 되새겨 볼 필요가 있다.

증권사에서 빌린 신용거래융자 잔고는 2022년 6월 13일 기준으로 21조 6,197억 원에 달해서 코로나 사태 직전인 2019년 하반기에 비해 2배가 넘는다. 시장이 좋을 때야 빚을 내서 집을 사든, 주식을 사든 큰 문제가 되지 않지만 인플레이션 여파로 시장이 고꾸라지자 거품 붕괴 여파는 빚을 낸 투자자들에게 직격탄을 가했다.

주가가 급락하면 증권사들은 투자자들이 돈을 빌리며 담보로 맡긴 주식을 강제로 팔아버린다. 이른바 '반대 매매'다. 거품이 붕괴되기 시작하자 2022년 6월 반대 매매 계좌는 한 달만에 6배로 폭증했다. 이에 아랑곳하지 않고 증권사들은 신용융자의 이자율을 계속 올렸다. 이벤트로 빚투를 조장한 지 얼마 안 되어 금리를 올리니 장삿속도 정도가 있는 것 아닐까?

그렇다면 고객들은 금융회사들의 차별대우를 가만히 앉아 당하고 있어야 할까? 뛰는 놈 위에 나는 놈이 있다고 했던가. 우리는 증권사들의 '잔머리'를 역으로 이용하는 방법이 있다. 또 다른 대형 증권사의 예를 들어보자.

증권사들은 대부분 등급을 산정할 때 자산의 평균 잔액을 기준으로 한다. 통산 직전 3개월 평잔을 기준으로 책정하는데, 이 증권사는 매달 말일 기준 잔액이 3,000만 원이면 실버등급을 부여한다. 고객으로선 매달 일반 파킹parking 통장, 즉 언제든 인출할 수 있는 통장에 상대적으로 높은 금리로 돈을 넣어두었다가 매달 말일에 이 증권사로 하루만 돈을 옮겨 놓으면 우대를 받게 되는 셈이다.

다른 금융회사들에게도 이런 틈새는 얼마든지 있다. 고객들이 조금만 부지런하고, 조금만 공부를 하면 금융회사들의 '평가 놀이'와 그들이 만드는 '우대의 함정'을 역으로 이용해 작지만 소중한 이익을 챙길 수 있다.

금융회사,
야박하거나 혹독한

금융회사들의 교묘한

단골 관리

|

단골 고객에 대한 우대는 어쩌면 지극히 당연해 보인다. 장사
하는 사람도 충성을 다하는 단골에게는 그만큼 보답을 주는
게 사람 사는 세상의 자연스러운 이치이기 때문이다. 하지만
돈을 통해 이뤄지는 함수가 그렇게 단순하면 얼마나 좋겠는
가. 금융회사들이 벌이는 머니게임의 규칙은, 단골 과일가게
에서 물건을 살 때 무조건 더 깎아주고 사과 하나라도 더 얹어

주는 미덕과는 차원이 아주 다르다.

금융회사들은 그렇게 단순하게 고객을 상대하지 않는다. 그들은 첨단공학으로 무장한 돈의 박사들이기 때문이다. 은행이 단골 고객인 나에게 마냥 잘해주리라고 믿는다면 당신은 참으로 순박한 고객이요, 은행들이 너무나 반가워할 사람이다. 그들은 우리가 생각하는 것처럼 절대로 선한 존재가 아니고, 천사는 더욱 아니다.

기업이라는 존재가 기본적으로 영리를 추구하듯이 금융회사 역시 돈의 흐름에서 이익을 창출해 내는 곳이다. 그게 아니라면 은행들이 어떻게 1년 동안 수조 원의 이익을 만들어 내겠는가. 하물며 은행들은 코로나19로 수많은 자영업자들이 문을 닫고 빚으로 연명하는 동안에도 예대마진, 즉 예금 금리와 대출 금리와의 차이를 더 늘려 사상 최대의 이익을 만끽했다.

금리만이 아니다. 당신은 주거래 고객이 되기 위해 끊임없이 거래 은행에 충성을 다하지만 은행은 당신이 기대하는 것처럼 쉽게 단골로 인정하려 들지 않는다. 애인에게 줄기차게 선물을 갖다 바쳐도 조그만 실수 하나에 토라지는 것처럼 말이다.

은행은 충성스러운 고객에게 다양한 기교를 부려 수시로 배신한다. 그중 대표적인 사례가 오래된 고객이라고 무조건

대우해 주지 않는 것이다. 믿는 도끼에 발등을 찍혔다고 하소연해도 어쩔 수 없다. 금융회사는 자기들에게 얼마나 도움을 주었는지를 보는 것이지 오랜 기간 단골이었다고 해서 마냥 반가워하는 게 아니기 때문이다.

B은행의 경우, 거래 기간 1년당 주는 점수는 고작 10점이다. 30년 동안 은행에 충성을 바쳐도 고객이 받을 수 있는 점수는 300점에 불과하다는 얘기다. 최근 석 달 동안 평균 잔고 기준으로 300만 원의 예금을 넣어둔 고객이 똑같이 300점을 받는 것을 생각하면 차라리 야속하다는 표현이 맞을지도 모른다.

평생 충성을 다 바쳐 예금한 고객이 더 억울한 점은 대출받는 사람에게 일방적으로 점수가 유리하게 되어 있다는 것이다. 은행들은 예외 없이 대출 규모가 클수록 높은 점수를 준다. 은행의 입장에서 가장 착한 고객은 대출을 받아간 후 꼬박꼬박 이자를 내는 사람들이다.

가령 집을 살 때 1억 원의 주택 담보대출을 받았다면, 이 고객은 주거래 고객 중에서도 중상위 등급에 들어갈 가능성이 크다. 물론 대출을 갚는 순간 재평가 과정에서 그의 등급은 홀랑 날아간다. 고객이야 대출금을 몽땅 갚았으니 그날 밤 벅찬 해방감에 삼겹살 파티라도 하고 싶겠지만, 은행 입장에서는 이제 소용 가치가 없는 고객이 되었으니 당연한 일이다.

은행이 주거래 고객들의 가슴을 아프게 하는 또 하나는, 주거래 고객의 등급 간에 주는 혜택의 차이가 너무 크다는 것이다. 한 대형 은행의 경우, 프리미어 고객에게는 무려 20가지가 넘는 혜택을 주는 반면에 주거래 고객 중에서도 가장 낮은 클래식 고객에게는 외환 관련 부분을 제외하면 이체 수수료와 인터넷뱅킹, 자기앞수표 발행 등 불과 3가지 혜택밖에 없다. 바로 위 등급의 베스트 고객에게조차 추가로 주는 혜택은 2~3가지에 머문다. 그나마 인터넷뱅킹이 대세가 되면서 이런 차이가 줄었다고 하지만 그래도 고객을 충성도에 따라 분류하는 것을 생각하면 낮은 등급을 받는 고객들은 그리 기분이 유쾌하지 않다.

　　이런 사실을 과연 일반인들은 얼마나 알고 있을까? 아마도 은행을 찾는 대다수의 사람은 자신이 주거래 고객의 등급에 포함되어 있다는 사실에 마냥 뿌듯해할 것이다. 이름부터가 클래식이니 베스트니 참으로 휘황찬란하다. 혜택은 그만두고라도 자신이 은행으로부터 그런 이름을 부여받는 것 자체에서 커다란 행복을 느낄지도 모른다.

　　하지만 더 큰 문제는 그나마 자신이 가진 등급의 혜택을 제대로 누리고 있는 사람이 드물다는 사실이다. 화려한 수식어를 붙인 등급 속에 자신이 포함되어 있다는 만족감에 젖어 있을 뿐이다. 은행은 바로 고객들의 이런 점을 역이용한다.

오늘도 은행 창구를 찾는 사람들은 무늬만 그럴싸한 단골 고객, 말만 화려하게 포장한 주거래 고객이 되는 것이 아니라, 마음으로 다가오는 금융회사의 모습을 보고 싶어 한다. 적어도 은행으로부터 돈을 빌리고 갚지 않는 사람이 아니라면 덜 차별하는 금융회사를 보고 싶어 한다. 우리의 단골 고객들은 '은행 탐구생활'만 하고 있을 정도로 한가하지 않다.

앞서 금융회사들의 차별대우를 앉아서 당하면 안 된다고 했는데, 이런 상황은 '단골 고객'에서도 이용할 수 있다. 코로나19 이후 '유동성'이라는 이름으로 돈이 무차별적으로 풀렸지만 경기 상황이 워낙 들쭉날쭉하면서 투자할 대상을 찾기 쉽지 않아졌다. 때문에 대부분 고객들은 은행의 MMF^{단기금융펀드}처럼 쥐꼬리 이자에 맡기는 경우가 대부분이다. 2022년 금리를 연이어 올리는 시기에도 추가 인상을 생각해 단기 운용처에 맡기는 사람이 많았다.

은행들은 흘러 다니는 고객과 그들의 돈을 그리 환대해 주지 않는다. 그나마 금융을 조금이나마 아는 사람들은 증권사의 환매조건부채권^{RP}처럼 상대적으로 금리가 높은 곳에 맡겨 좋지만 이는 적어도 3개월 이상은 예치를 해야 이자를 조금 더 받을 수 있다.

하지만 조금만 부지런하게 발품을 판다면 은행들의 '고객 푸대접'을 피할 길을 찾을 수 있다. 요즘처럼 모든 거래를 창구가 아니라 스마트폰 하나만 있으면 가능한 시대에는 발걸음보다, 손동작이 중요해지고 있다.

대표적인 것이 바로 코로나19 이후 유행한 이른바 '파킹' 통장이다. 파킹 통장은 영어 이름 그대로 '주차하는' 통장이란 뜻으로, 하루만 맡겨도 연 1~2%의 높은 이자를 받을 수 있다. 특히 일부 인터넷은행과 저축은행들은 연 2%가 넘는 높은 이자를 주기도 한다.

저축은행에 대한 불신을 갖고 있는 사람들이라면 5,000만 원씩 쪼개서 파킹 통장에 넣는 것도 방법이다. 과거에는 저축은행 지점이 몇 개 없어서 불편함 때문이라도 은행을 찾았지만, 이제는 한 번만 해당 지점에 가서 거래 통장을 만든 이후 손가락 몇 번만 움직이면 은행보다 최대 1% 포인트의 이자를 더 받을 수 있다. 부지런한 새가 먹이를 더 찾듯이 손가락을 더 움직이는 사람이 커피 한 잔 값이라도 더 벌 수 있다.

올해 73세로 은퇴한 Y의 사례를 보자. 그는 은퇴 이후 퇴직금 3억을 받은 이후 5,000만 원을 주식에 투자했다가 큰 손실을 보았다. 호되게 당한 이후 그는 남은 돈을 은행 예금에 맡겨 놓았는데 금리가 워낙 낮아 생활 자금도 되지 않았다. 그런 와중에 사위로부터 공모주에 투자하라는 추천을 받고 대부분 증권사 계좌를 만들었다. 공모주가 종목만 잘 고르면 위험성이 거의 없다는 얘기를 듣고 실전에 뛰어든 것이다.

그래도 신규 상장하는 기업이 항상 나오지 않기에 고민하던 차에, 그는 한 포털에서 파킹 통장이라는 기사를 본 뒤 5,000만 원씩 쪼개 공모주 투자가 없을 때는 토스뱅크에 2%로 예치를 하고 있다. 이렇게 해서 그는 공모주로만 한 해 1,000만 원 가까이를 벌게 됐고, 남은 기간 파킹 통장 이자로도 100만 원이 넘는 이자를 벌었다.

금융회사들은 돈이 많이 풀렸을 때는 단골 관리를 더더욱 야박하게 한다. 이럴 때일수록 고객들이 좀 더 부지런하고, 좀 더 영리하게 움직여 돈을 버는 것이 우리를 홀대하는 은행들을 골탕 먹이는 길이 아닐까?

이자가 많으면
함정도 많다
|

보통 사람들은 금리가 높은 수준에 있을 때 돈이 춤을 출 것으로 생각하지만 현실은 전혀 그렇지 않다. 이자가 낮을 때 조금이라도 더 높은 곳을 찾아 움직이는 것이 돈을 쥔 사람들의 속성이다. 불나방처럼 움직인다는 표현은 전혀 과장이 아니다. 특히나 요즘처럼 금융회사가 주는 금리가 워낙 박할 때, 사람들은 조금이라도 높은 이자가 붙은 곳을 보면 속된 말로

'필'이 확 꽂힌다. 바야흐로 고금리가 고객을 유혹하는 세상이다.

이럴 때 금융회사에 몸담은 사람들을 보면 금융공학자가 아니라 심리학자가 연상된다. 그들은 사람들의 불나방 심리를 이용하듯 곳곳에 '최고 금리'라고 분칠한 상품을 내건다. 사람들은 미끼상품인 줄 알면서도 '그래도 은행인데……' 하는 소박한 믿음으로 이를 유심히 지켜보다가 당장 금융회사의 문을 열고 총총히 들어간다.

하지만 착각은 금물이다. 돈이 간교한 것처럼 이를 다루는 금융회사 사람들의 머리는 정말로 비상하다. 고금리로 잔뜩 분칠했지만 무조건 높은 금리를 주는 은행은 어디에도 없다. 이는 당연하다. 금융의 가장 기본 공식 중 하나는 '위험=이자'이다. 이자를 더 많이 주는 곳은 위험이 크다는 뜻이다. 따라서 고금리를 주는 곳은 그만큼 위험성이 높기 때문에 사람들이 없다는 뜻이고, 따라서 고금리를 전면에 내세워서라도 돈이 있는 사람들을 끌어들이려는 것이다.

그렇다면 아무리 찾아봐도 위험도가 높지 않은데 높은 금리를 제시하는 곳은 도대체 무슨 특별한 비결이라도 있는 것일까? 아니면 엄청나게 탁월한 운용의 미학을 공부한 것일까? 여기엔 다 그만한 이유가 있다. 세상에 공짜 점심은 없다.

금융회사들이 이유도 없이 높은 금리를 주기를 바라는 것은 그들의 속성을 몰라도 한참 모르는 것이다. 여기에는 각양 각색의 조건이 따라 붙는다. 주거래 고객에게 플러스 알파의 금리를 주는 것이야 당연하고 고마운 일이지만, 신용카드 사용액까지 금리를 얹어주는 별도의 부대조건을 내걸며 금리를 차별하는 것은 참으로 슬프다. 이쯤 되면 은행들이 내거는 최고 예금 금리라는 말을 '미끼용'이라고 표현해도 박한 일이 아니다. 다음은 2009년과 2022년의 두 가지 사례이다. 세월이 가도 금융회사들이 고객을 유인하는 방법은 별반 다르지 않다.

우선 2009년이다. 당시 일부 외국계 은행들은 한때 고객을 유치하려고 입출금이 자유로운 통장에 연 4~5%의 높은 금리를 준다고 대대적인 홍보를 펼쳤다. 저금리 시대에 수시 입출금 통장에 이 정도의 금리를 보장해 주기란 쉽지 않은 일이다. 하지만 여기엔 은밀하고도 정교한 셈법이 숨어 있었다.

이 은행들은 여기에 이른바 '선입선출법'이라는 방식을 이용했다. 이는 말 그대로 돈을 찾을 때 예금이 들어온 순서대로 돈이 빠져나가도록 한 것이다. 예를 들어, K의 통장에 5월 1일 50만 원이 들어오고, 10일에 100만 원이 추가로 입금되었다고 치자. 그가 갑자기 돈 찾을 일이 생겨 5월 20일에 40만 원을 찾게 될 경우, 1일 들어온 50만 원부터 돈이 빠져나간다.

함정은 여기에 있다. K가 돈을 넣은 통장에는 한 달 이상 돈을 넣고 있어야 한다는 조건이 붙어 있는 것이다. 즉 5월 1일에 넣은 50만 원이 한 달을 채우지 못했기 때문에 그는 5%의 금리를 받을 수 있는 자격을 상실하게 된다. 그럼으로써 그가 손에 쥔 이자는 달랑 0.1%에 지나지 않게 되는 것이다.

13년이 흐른 2022년의 상황은 어떨까? 코로나 시기의 유동성 홍수 시대를 지나 긴축으로 금리 상승기가 되자 금융회사들은 우대 금리를 내건 특별 상품 금리를 봇물처럼 내놓았다. '연 8% 고금리 적금……, 카드부터 만들라고?'라는 제목의 한 기사는 사람들에게 쓴웃음부터 짓게 만든다. 어쩌면 10년 전이나 지금이나 금융회사들이 내거는 상품과 마케팅의 방법은 변함이 없을까? 비슷한 것이 아니라 아예 판박이다. 대부분 제휴 카드를 만들거나 보험에 가입하는 등 까다로운 조건을 채워야 한다.

그렇다면 '8%'라는 엄청난 금리가 붙은 적금 상품은 어떤 마술을 부렸기에 나올 수 있었을까? 우선 당시 은행의 정기적금 금리가 평균 3.8% 수준이었으니 두 배가 훨씬 넘는다. 이 상품의 기본 적금 이율은 연 2.5%다. 은행 적금 상품과 별반 차이가 없다.

여기에 카드사의 제휴 카드를 발급 받은 뒤 6개월간 총 50만 원 이상을 사용해야 연 5.0% 포인트의 우대이율을 받을 수 있다. 이 카드의 결제대금은 이 금융회사에서 개설한 자유입출금식 계좌에 등록해야 한다. 그리고 또 하나, 결정적인 조건이 있다. 바로 급여 자동이체까지 연결해야 비로소 8%를 모두 받을 수 있다.

금융회사들은 그나마 여기에 또 하나 중대한 함정을 판다. 적금 한도를 최대한 줄여놓는 것이다. 상품을 판매한 금융회사는 위의 모든 조건들을 다 만족해도 월 최대 불입할 수 있는 금액을 30만 원으로 설정해 놓았다. 1년 만기를 다 채워도 세전으로 15만 원 수준이다. 적은 돈이라 할 수 없겠지만 뒷맛이 좋지 않다.

이런 유형은 대부분 다른 금융사에서 닮은꼴로 등장한다. 우리가 가장 서민적인 금융회사로 생각하는 우체국을 보자. '우체국 신한 우정적금'이라는 이름의 이 적금은 총 8.95%지만 적금 가입 한도는 1년에, 월 납입 한도는 30만 원이다. 당시 한국은행이 기준 금리는 1.5%로 올렸음에도 이 상품의 만기까지 기본 금리는 1.9%에 불과하고 우체국 우대 금리로 0.45% 추가로 받을 수 있을 뿐, 나머지는 신한카드를 새로 발급받거나 직전 6개월간 신한카드 이용 실적이 없어야 한다.

또 다른 사례도 고객을 '시험'에 들게 한다. H저축은행의 사례인데, 정기적금 금리로 역시 연 6.3%를 제시했다. 역시 이 상품의 기본 금리는 2%대에 불과한데 여기에 우대 금리를 주는 조건은 한 보험회사의 자동차 보험에 가입하는 것이다.

적금을 고객을 끌어들이는 '미끼'로 삼는 셈이다.

금융감독원에 따르면 2020년 1월부터 2022년 3월까지 5대 시중은행에서 이처럼 각종 조건을 붙여 판매한 이른바 특판 상품 가입자 중 최고 우대 금리를 받은 고객은 13.3%에 그친 것으로 파악됐다. 또 고객이 만기가 돼 실제로 받아간 평균 금리는 은행이 내세운 최고 금리의 80%에 그쳤다.

금리에서 생기는 착시 현상은 아주 단순한 곳에서도 발생한다. 금융상품의 가장 기본인 적금 금리와 예금 금리가 그렇다. 금융회사들은 정기예금보다 오히려 적금의 금리를 높게 준다. 목돈보다 매달 저축하는 상품에 금리를 더 주는 셈이다. 한국은행이 2022년 5월 말 기준 금리를 1.75%로 올리기 전까지도 적금은 5%를 넘보는데 예금은 3%도 안 되는 경우가 많았다. 예금은 목돈을 넣어두는데 매달 넣는 적금의 금리가 높다니, 고마우면서도 한편으로는 찜찜하다.

여기에서 짚어봐야 할 부분이 있다. 적금 금리와 예금 금리를 동일시해서는 안 된다는 것이다. 심하게 보면 적금 금리는 예금 금리의 절반 정도에 그친다. 왜 이런 상황이 발생할까? 적금은 매달 넣는 납입분에 대해 잔여기간만큼 이자를 준다. 예를 들어 1년 만기 적금이라면 첫 달은 5%로 12개월을 치지만 두 번째 달은 5%로 11개월, 세 번째 달은 5%로 10개월…… 등으로 줄어든다.

요컨대 5%라고 같은 5%가 아니라는 얘기다. 이를 평균해 보면 적금 금리가 예금 금리의 절반 정도가 된다. 이런 상황은 기본적으로 은행의 이익과 연결되어 있다. 적금은 납입액이 작아서 은행 입장에서는 금리 부담이 적다.

게다가 더욱 중요한 것은 적금은 해약률이 높다는 것이다. 저축은행의 경우 적금의 최대 절반 정도가 만기를 못 채우고 해약된다고 한다. 해약하게 되면 약정이자보다 턱없이 낮은 이자를 받게 된다. 금융회사로서는 전혀 밑질 게 없는 장사이고, 고금리에 현혹되는 고객들만 바보가 되는 셈이다.

이처럼 미끼로 예적금을 파는 반면에 이자가 거의 없는 '공짜 예금'은 나날이 늘고 있다. 은행들에게 가장 효자로 통하는 고객들의 예치금은 요구불예금, 수시입출식 저축성예금^{MMDA} 등 금리가 연 0.1% 수준에 불과한 '저원가성 핵심 예금'이다. 5대 시중은행의 2022년 4월말 잔액은 733조 1,219억 원에 이른다. 1년 전의 690조 5,354억 원과 비교하면 6.2%가 늘어난 것인데 은행들이 사상 최대 이익을 구가하는 것은 바로 고객들의 '눈먼 돈' 덕분일 것이다.

은행들은 2022년 초 직원들에게 월급의 300%에 이르는 성과급을 쏘았다. 그뿐인가? 명예퇴직자들에게까지 3~4년 치 연봉에 해당하는 보너스를 안겨주는 등 한없는 돈 잔치를 벌였다. 연체이자를 감당하지 못해 눈물을 짓는 서민들의 뒤에서 엄청난 이익을 올린 은행들은 고급 승용차 한 대 값이 넘는 돈 잔치를 벌인 것이다.

은행들의 얄팍한 예적금 상품들은 그나마 스타벅스 쿠폰으로 '빚투'를 조장하는 증권사보다는 낫다고 해야 할까? 금융회사들의 고객 유인 방식은 수십 년 전이나 지금이나 '혁신'이라는 이름을 좀처럼 찾을 수가 없다.

이벤트 뒤에 숨은
함정
I

앞서 빚을 내어 주식 투자하면 '선물'을 주는 금융회사의 탐욕을 얘기했다. 이들이 내세우는 다양한 '이벤트'들을 보면 고객들이 제대로 대응하지 못하면 가만히 앉아 코를 베이는 것들이 너무나 많다.

해외 주식 투자가 증권사들에게 돈이 되자 2021년 이후 곳곳에서 고객을 끌어들이기 위한 마케팅 방법이 동원되었다. 심지어 삼성증권의 경우 미국 주식을 낮에도 거래할 수 있게 하는 방안을 도입해 화제가 되기도 했다.

하지만 한 대형 증권사가 내건 이벤트는 고객들이 깨알같이 적힌 설명 내용을 제대로 보지 않으면 뒤통수를 맞는 결과를 초래하기 십상이다. 보험사 약관을 제대로 보지 않으면 보험금을 제대로 타지 못하는 상황을 당신은 믿겠는가. 내용은 이렇다.

이 증권사는 '나스닥 종가 맞추기 이벤트'라는 이름 아래 종가증권 시장 당일의 마지막 가격를 맞추면 해외 주식을 선물로 준다고 홍보했다. 그들이 선물로 내건 해외 주식은 1주가 아니라 '소수점'으로 된 것으로 전부 다 합해야 만 원이 채 되지 않는다. 여기까지 보면 퀴즈만 맞추면 선물을 받기에 나쁠 것 없다는 생각이 들 것이다. 그런데 결정적 함정은 다음에 도사리고 있다. 경품을 받으려면 이 증권사의 '글로벌 원마켓'이라는 서비스를 필수적으로 가입해야 한다는 것이다. 이 얘기는 해당 이벤트 설명문의 뒷부분에 포함돼 있어 고객들로선 제대로 들여다보기 쉽지 않다.

물론 증권사도 할 말이 있을 것이다. 이 서비스는 환전 없이 원화로 해외 주식을 거래할 수 있는 것으로 고객들을 위해 증권사들이 특별히 혜택을 주는 것이라는 얘기다. 하지만 정말 혜택을 주는 것이라면 경품을 받을 요건으로 '필수 가입'이라는 단어를 썼을까?

아무튼 이 이벤트에 가입한 한 50대 남성의 사례를 한번 보자. 이 남성은 금융에 적지 않은 지식을 갖고 있는 인물이었고 기왕 해외 주식에 투자하고 있었기 때문에 망설임 없이 나스

닥 종가 맞추기 퀴즈를 신청했다.

문제는 수개월 후 발생했다. 이 남성은 미국에 투자했던 주식을 손실을 보고 팔았지만 그래도 원 달러 환율이 올라 손해를 상쇄할 수 있을 것으로 보았다. 다행히 매도 후 환율이 더 올라 기분이 좋던 차였다.

그런데 웬일인가, 매도 후 달러를 원화로 환전하려는 순간 눈이 휘둥그레졌다. 이미 원화로 환전이 끝나 있던 것이다. 그사이 환율이 오른 것을 감안하면 수십만 원이 날아가게 되었다. 전혀 이유를 알 수 없던 남성은 해당 증권사 지점의 설명을 듣고 난 이후에야 이해를 했지만 속상한 마음을 풀기 힘들었다. 증권사 측에 따르면 '글로벌 원마켓'이라는 서비스 자체가 자동 환전이 되도록 하는 것이었다. 이 남성은 이런 상황을 전혀 알지 못했고 이벤트 설명문을 다시 읽어봐도 쉽게 이해할 수 없었다.

'세상에 공짜는 없다'고 했다. 더더욱 영리를 목적으로 하는 금융회사들은 천사가 아니다. 그들이 내건 다양한 종류의 이벤트들은 고객을 유인하는 장치일 뿐이지 선물을 주려는 목적은 결코 없다는 점을 잊어선 안 된다.

그렇다면 금융회사를 이용하면서 한 푼이라도 이자를 더 받는 비법은 없을까? 여기서 몇 가지 단순한 팁을 얘기하려 한다. 돈의 흐름을 얘기할 때 가장 기본이 되는 부분이지만 사람들이 흔히 잊고 있는 것들이다. 이는 금융회사의 정교한 금융공학에 맞서 그나마 초보적 수준에서 그들을 이기는 방법이기도 하다.

금리도 협상할 수 있다

일반 사람들은 금융회사의 금리는 무조건 정해져 있는 것으로 생각한다. 하지만 이 세상에 완벽하게 규정된 것은 없다. 은행은 정기예금을 고시하지만 신용카드 결제에서부터 급여 이체에 이르기까지 다양한 명목을 붙여 금리를 덤으로 붙여준다. 특히 무시할 수 없는 것이 '지점장 금리'로, 지점장 재량으로 금리를 조정할 수 있다. 지점장이 마음먹기에 따라서는 0.1~0.2%포인트는 더 받을 수 있다.

특별 금리를 챙겨라
▶▶▶

백화점이 정기 세일로 고객을 유인하듯 금융회사 역시 부지런한 고객들만 챙길 수 있는 '특별한 금리'가 있다. 우선 챙겨볼 부분은 특판 금리이다. 백화점에서 제 가격에 물건을 사면 밑진 느낌을 받듯이 금융회사에서도 특판 예금이 나올 시기를 보고 예금 일시 등을 판단하면 한 푼이라도 더 건질 수 있다.

세금을 내지 않을 수 있으면 내지 마라
▶▶▶

우선 가장 먼저 찾을 부분이 세금 우대를 활용하는 것이다. 세금우대저축은 만 20세 이상이면 1,000만 원까지, 만 60세 이상이면 3,000만 원까지 가입이 가능하다. 일반예금의 세금은 15.4%지만, 세금 우대를 받으면 9.5%만 내면 된다. 자신의 세금우대한도를 알아두면서 최대한 이용하는 것이 좋다.

특히 비과세 혜택은 챙길 수 있을 만큼 챙겨야 한다. 새마을금고, 농·수협 단위조합, 신협 등은 저금리 시대에 잊어서는 안 될 곳이다. 일반은행에서는 15.4%나 세금을 떼지만 이들은 1.4%의 농어촌특별세만 떼어간다. 주거래 은행이 중요하지만, 세금을 내지 않는 곳을 찾으면 이보다 훨씬 이득을 볼 수 있다.

일찍 일어나는 새가 모이를 많이 찾는다고 했다. 돈 역시 부지런한 사람이 많이 만질 수 있다. 세상에 공짜로 돈을 주머니에 넣는 방법은 없다. 영악한 금융회사에 맞설 길은 내 자신이 똑똑해지는 길뿐이다.

공짜 점심은
없다

마이너스 통장은

대출이다

I

직장인 A는 2022년 초 은행으로부터 전화 한 통을 받았다. 금융회사 직원답게 목소리가 차분하면서도 사근사근했다.

"항상 저희 은행을 이용해 주셔서 감사합니다. 다름이 아니라 고객님께서 쓰고 계신 마이너스 통장이 만기가 돌아오는군요. 별다른 일이 없으시면 만기를 1년 연장해 드리겠습니다."

은행에 직접 찾아가지도 않았는데 이처럼 친절하게 연장해 주겠다고 하니, A는 그저 고마울 뿐이었다. 말 그대로 고객을 향해 찾아오는 은행이 아닌가! 그런데 통화 말미에 그의 기분이 약간 씁쓸해졌다. 은행원이 아주 친절한 목소리로 그에게 앞으로 적용될 금리를 말해주었던 것이다.

직원이 제시한 금리는 4.5%였다. 이 은행의 당시 1년짜리 정기예금 금리가 2%도 안 됐으니 2배가 넘는 금리였다. 하물며 이 은행은 코로나19 시절 은행 예금 금리가 1%도 되지 않던 때에도 마이너스 통장 금리는 4% 넘게 받았다. 제도로는 금리를 낮춰달라고 요구할 수 있다지만 요청이 수용된 적은 거의 없다.

올해로 벌써 이 은행과 30년 넘게 거래했고, 단 한 번도 연체가 없었는데 이렇게 고리의 이자를 물어야 하는 게 도통 이해가 되지 않았다. 금리가 너무 높다는 말을 가녀리게 내뱉자 은행원이 이번에도 아주 친절하게 대답했다.

"그래도 고객님은 오랜 거래 실적이 있어서 가장 낮은 수준으로 해드린 것인데요."

나름 이 은행의 충성스러운 고객이라고 자부했는데, 이런 식의 금리를 제시하는 은행이 야속했지만 그냥 넘어가기로 했다. 어차피 마이너스 통장을 많이 쓸 것도 아닌데……. 하지만 예금 금리는 뒤질세라 가장 먼저 떨어뜨리면서 대출 금리는 그대로 놓고 있는 구조를 이해하기 어려웠다.

마이너스 통장은 직장인은 물론 대다수의 사람이 여윳돈처럼 생각하는 일종의 쌈짓돈 개념이 되어가고 있다. A처럼 '어차피 많이 쓰지 않을 텐데……' 하는 인식이 대부분의 머릿속에 똬리를 틀고 있는 것이다.

하지만 마이너스 통장은 분명히 마이너스 예금, 즉 대출이다. 그것도 고금리의 대출이다. 이는 개개인에게는 적은 돈일지 모르지만 은행에는 알토란 같은 수익의 원천이다. 2022년 가계대출에 대한 당국의 규제가 느슨해지자 은행들이 가장 먼저 마이너스 통장 한도를 2~3억 원씩 올린 이유가 무엇이겠는가? 마이너스 통장에 대한 감각이 무뎌질수록 은행의 이윤 창고는 차곡차곡 쌓여가기 때문이다. 마이너스 통장에 대한 고객들의 감각이 무딘 것을 은행은 너무나 잘 알고 있는 것이다.

은행들은 이런 점을 잘 알고 다양한 덫을 쳐놓았다. 가뜩이나 돈이 흘러가는 행방을 제대로 알지 못하는 평범한 사람들로선 은행이 만들어 놓은 이러한 통장의 다양한 틀을 제대로 따져보지 않으면 가만히 앉아서 손해를 볼 수 있다. 은행은 이처럼 하나하나의 금융상품에도 정교한 금융공학의 주술을 부린다. 결국 최면에 빠지지 않기 위해서는 고객 스스로 정신의 끈을 바짝 조여야 한다.

우선 대출 금리를 꼼꼼히 관리할 필요가 있다. 은행은 신용도에 따라 마이너스 통장의 사용한도를 정해준다. 고객은 한도 내에서 자유롭게 돈을 빌려 쓸 수 있다. 예를 들어 사용한도가 1,000만 원이라고 한다면 그 한도 내에서 돈을 빌렸다 갚았다 할 수 있는 구조이다. 하지만 적지 않은 사람들이 사용한도를 거의 채우곤 한다. 창고를 비워두면 섭섭한 마음이 드는 것처럼 말이다.

바로 여기에 독이 들어 있다. 1년을 약정으로 할 경우, 사용한도를 거의 채워가는 사람들은 마이너스 통장이 오히려 불리할 수 있다. 당장 금리부터가 그렇다. A가 거래하는 은행의 경우, 마이너스 통장의 금리보다 신용대출의 또 다른 방식인 건별 대출은 금리가 더 낮다. 즉 한도를 거의 채워 사용하는 경우라면 마이너스 통장이 아닌 신용대출을 받아쓰는 게 낫다는 뜻이다.

하지만 이를 제대로 알려주는 곳은 그리 많지 않다. 마이너스 통장을 쌈짓돈으로 인식하는 고객의 생각을 이용하기 때문이다. 심지어 일부 사람들은 마이너스 통장은 여윳돈이고, 건별 대출은 빚이라고 생각하는 습성까지 있다. 은행은 이런 점을 잘 알고, 마이너스 통장을 쓰도록 친절하게 전화를 해주는 것이다.

마이너스 통장 금리의 절대적인 수준에도 기분을 찝찝하게 하는 부분이 있다. A는 이 은행과 거래한 지 벌써 30년이 넘는다. 그동안 단 한 번도 연체가 없었고, 이 은행을 통해서만 꼬박꼬박 예금과 적금을 들고 심지어 펀드와 연금도 들어왔다. 그뿐인가. 은행원이 판촉을 위해 필요하다고 해서 이 은행과 거래 중인 생명보험회사를 통해 개인연금도 들었다. 은행 본점에서 창구 직원의 만족도 조사를 해오면 최고 점수를 펑펑 주었다.

하지만 그의 마이너스 통장 이자는 신출내기 공무원보다도 높다. 이유는 그럴듯하다. 일반 기업에 다니는 사람의 경우, 이직률이 높기 때문에 신분이 공무원만 못하다는 것이다. 어차피 은행도 장사꾼이고, 이런 속성을 이해한다면 어쩔 수 없는 현실이지만 충성을 다 바쳐온 A의 입장에서는 영 탐탁지 않다.

은행은 심지어 같은 공무원이라도 계약직이냐 정규직이냐를 따진다. 같은 회사원이라도 삼성전자 직원에 대해서는 우대하지만 중소기업에 다닌다면 아무리 알토란 같은 기업이라도 성에 차지 않는다. 하물며 상장회사냐 아니냐 하는 것도 신용대출의 한도 결정에 기준점이 된다. 자신이 다니고 있는 직장이 좋은 곳이냐 아니냐에 대한 사회적 평판에 시달리는 것도 서글픈데 은행마저 이를 차별하는 것이다.

은행이 마이너스 통장에 깔아놓은 아주 중요한 덫이 또 하나 있다. 고객들이 마이너스 통장의 이자가 빠져나가는 날을 제대로 알지 못하면 그대로 그 덫에 걸린다. 사실 그 날짜를 제대로 알고 있는 사람이 얼마나 될까?

A 역시 최근에야 이자가 빠져나가는 날짜를 알게 되었다. 그가 거래하는 은행은 매달 첫째 주 토요일이 이자 결산일이다. 한도를 거의 채운 고객이 이자로 낼 여윳돈을 통장에 미리 넣어두지 않을 때는 꼼짝없이 연체이자를 물어야 한다. 연체이자는 여전히 10%가 넘어 거의 사채 이자 수준이다.

더구나 금융회사와의 거래에서 연체는 신용점수와 직결된다. 아무 생각 없이 쌈짓돈 쓰듯이 마이너스 통장을 썼다가는 자신도 모르는 사이에 신용불량자라는 낙인이 찍힐 수 있다는 말이다. 그러니 지금이라도 마이너스 통장은 '통장'이 아니라 '대출'이라는 개념을 머릿속에 완벽하게 박아놓을 필요가 있다. 은행이 자신들의 이익에 도움도 되지 않는데, 굳이 전화 통화료까지 지급하면서 만기를 연장해 주겠다고 먼저 나설 이유가 없지 않겠는가.

금리의 황당한
책정 방식

48세 직장인 H는 자신의 주거래 은행을 찾았다가 평소 궁금해하던 것을 지점 직원에게 물어보았다. 응대한 직원은 은행원 생활 20년이 넘어보이는 나름 고참 직원이었다. 흥미로운 점은 그의 질문에 이 직원조차도 제대로 인지를 못하고 있었다는 것이다. 이 직원은 고객에게 잠시 기다리게 하고 알아본 뒤에야 정확한 답을 주었다.

그의 질문은 사실 우리가 항상 잊고 지내는 은행의 대출과 예금의 금리 산정 방식이었다. 우선 마이너스 통장 금리를 어떻게 책정하는지 보자. 은행들은 고객이 대출을 받으면 어떻게든 이자를 최대한 받아낼 궁리를 한다.

예를 들어 마이너스 통장을 5일 오후에 받아 7일 오전에 상환했다고 치자. 당신은 은행이 대출 이자를 어떻게 책정한다고 생각하는가? 방법은 어찌 보면 단순하다. 매일같이 단 1초라도 대출이 발생하면 무조건 이자를 받는다. 즉 이 사람은 5일과 6일, 7일 사흘 치 이자를 내야 한다. 절대적인 시간으로는 이틀이지만 은행은 날짜를 기준으로 이자를 계산한다. 심지어 하루에 잠시 대출을 일으킨 뒤 10분 후에 갚는다고 해도 하루 치 이자를 여지없이 받아 간다.

그렇다면 예금도 그럴까? 천만의 말이다. 은행의 예금 기산 시점은 밤 12시다. 낮에 아무리 통장에 많은 돈을 예치해 놓아도 의미가 없다. 밤 12시 기준으로 돈이 들어와 있을 때만 이자를 지급한다. 대출과 비교하면 하루의 차이가 생기는 셈이다. 은행은 이렇게 돈을 빌려주는 사람이건 맡기는 사람이건 어떤 식으로든 이익을 낼 궁리만 한다.

오죽하면 '예대금리차'라고 해서 예금과 대출 이자의 차이가 좁혀지기는커녕 항상 벌어진다. 한국은행이 기준 금리를 조정하기만 하면 가장 먼저 콧노래를 부르는 것은 금융회사이니 금융시스템이 뭔가 잘못돼도 한참 잘못된 게 아닐까? 전 세계 중앙은행이 한참 긴축의 깃발을 나부끼던 2022년 상반기, 한국은행도 여기에 발을 맞췄다. 2021년 8월 이후 4번째 금리를 올린 것인데 이로 인해 고객들이 추가로 문 이자만 13조 원에 달했다.

문제는, 그 당시 은행들이 사상 최대의 이익을 구가했다는 사실이다. 한국은행이 4번째로 금리를 올린 지 5일 후인 2022년 4월 19일 한국경제 기사를 보자. 당시 기사의 내용은 쓸쓸함을 넘어 황당하기까지 하다.

한국은행이 직전 기준 금리를 0.25% 포인트 올리면서 은행들도 일제히 예금 금리를 인상했다. 인상 내역을 보면 이렇다. 한 은행의 경우 최대치로 0.4% 포인트까지 올렸다고 나와 있는데, 이 상품은 미취학아동과 초중고교생만 가입할 수 있다. 다른 은행이 0.3% 포인트 올렸다고 한 상품은 직업 군인과 군무원들만 가입할 수 있다. 이야말로 빛 좋은 개살구가 아닌가? 대출은 전 국민 대상으로 일제히 다 올려놓고, 예금은 특정인들만을 대상으로 일부 추가 인상을 해 거대하게 광고하는 얌체 마케팅은 10년, 20년이 지나도 변하지 않고 있다.

부자들에게만 유리한
신용점수

|

많은 사람들이 신용점수를 올려보려고 애를 쓰지만 실상 노력한다고 점수가 올라가는 것은 아니다. 그 체계를 들여다보면 특정 직업이나 계층은 신용점수를 아예 포기하는 게 낫다는 자조마저 품게 만든다.

금융감독원 자료를 인용한 매일경제 보도를 보면 2021년 말 기준 국민, 신한, 하나, 카카오뱅크 등 4개 은행에서 신용대출을 받고 있는 437만 명 중 신용점수가 849점 이하인 대출자의 비중은 전체의 4분의 1에 가까운 24%에 달한다. 849점 아래는 예전 신용등급 기준으로 하면 4등급 아래인데 이들은 은행에서 그리 반가운 대접을 받지 못하는 것이 현실이다. 신용점수를 좀 더 구체적으로 구분해 보면 800~849점인 대출자 비중은 9%, 750~799점 비중은 6%, 700~749점 비중은 4%였다.

여기서 우리를 불편하게 만드는 사실이 등장한다. 금융회사에서 대출을 받은 이후 제대로 갚지 못한 사람이 낮은 점수를 받는 것은 불가피하고 어쩌면 당연한 결과다. 하물며 저축은행이나 카드회사에서 카드론을 받고 보험사에서 급전을 빌리는 등 제2금융권에서 주로 대출을 받는 경우에도 점수 하락의 원인으로 삼는 것은 이해할 만하다.

하지만 학생과 주부 등 금융 이력을 아예 쌓기 어려운 사람도 상당수 포함돼 있다는 점을 알고 나면 기준에 대해 의문부호를 붙일 수밖에 없다. 심지어 직장에 취업한 지 얼마 되지 않았다는 이유로 낮은 점수를 매기는 것도 합리적이라고만 볼 수는 없다. 실제로 해당 자료를 보면 은행에서 신용대출을 받은 20대 중 절반 가까이는 신용점수가 850점 미만인 것으로 파악됐다.

4개 은행에서 신용대출을 받고 있는 만 29세 이하 대출자가 37만 2,000명인데 이 중에서 신용점수가 849점 이하인 대출자는 8만 6,000여 명으로 전체의 약 49.2%를 차지한다. 30대와 40대에서 신용대출을 받는 사람 중 신용점수 849점 이하가 차지하는 비중이 각각 23.5%, 21.1%인 것과 확연하게 비교된다.

은행과 우산의
공통점

|

은행과 우산의 공통점은 무엇일까? 아마 퀴즈 프로그램에서 주관식으로 문제가 나온다면 머리가 지끈거릴 것이다. 포털 사이트를 통해 검색하면 두 단어가 같이 있는 문장이 나오겠지만, 대부분의 사람은 고개를 갸웃할 것이다.

그런데 은행과 우산이라는, 언뜻 전혀 맞지 않을 것 같은 두 개의 단어가 호흡을 같이하는 경우가 많아졌다. 이른바 '은행 우산론'인데, 쉽게 말해서 고객이 어려울 때 은행이 우산처럼 보호막 역할을 해줘야 한다는 것이다. 그런데 이 문구를 보면 기분이 썩 좋지 않다. 우리말은 '아' 다르고 '어' 다르다. 문장의 구성과 조사에 따라서도 뜻이 확 변한다.

은행의 우산론에도 복잡한 한글의 함수가 담겨 있다. 은행 우산론을 풀어보면 '은행이 우산이 되어 준다'라는 말은 절대 없다. 우산론이 나오게 된 원래의 문구를 완전하게 풀어보면 '은행이 비 올 때 우산을 뺏으면 안 된다'라는 말로 연결된다. 포털 사이트에서 은행과 우산을 검색해 보면 둘 사이에는 '빼앗다'라는 동사가 꼭 등장한다.

이 말을 곰곰이 곱씹어 보면 안타까움이 깃든다. 은행이 비가 올 때, 즉 사람들이 어려움을 만났을 때 얼마나 뒤통수치는 행위를 많이 했으면 이런 문구가 자주 쓰일까 하는 생각도 하게 된다. 은행들도 이런 사정을 잘 아는 듯하다. 은행장들이 때마다 외쳐대는 말을 보면 은행들 역시 뭔가 켕기는 게 있기는 한 것 같다. 물론 여기서 자책감이라는 말까지 사용하면 비약이다. 은행들이 그 정도까지 도덕적으로 고객을 배려하는 건 아니기 때문이다.

은행장들은 기회가 있을 때마다 '고객의 우산이 되겠다'라고 외친다. 심지어 어느 은행장은 '비 올 때 우산을 빼앗지 않겠다'는 것을 아예 경영의 모토로 삼기도 했다. 그렇다면 은행들은 고객에게 진정한 우산의 역할을 하고 있을까?

중견 조선회사에 다니던 H과장은 은행으로부터 몹시 언짢은 전화 한 통을 받았다. 자신이 쓰고 있는 신용대출한도가 한꺼번에 20%나 줄었다는 것이었다. 가슴이 덜컥 내려앉았다. 어느 날 느닷없이 돈이 하늘에서 떨어지는 것도 아닌데 어떻게 그리 쉽게 20%라는 수치를 들이댈 수 있는지, 그렇다고 자신이 무슨 죄를 지은 것도 아닌데 말이다.

은행이 들이댄 이유는 단순했다. 그가 몸담고 있는 회사가 채권단의 구조조정 대상이 되었다는 것이었다. 불과 1년 전까지만 해도 연장 날짜가 되기도 전에 신용대출의 금리까지 친절하게 알려주던 은행원이 회사가 조금 어려워졌다고 대출한도를 확 줄여버린 것이다. 더욱이 그 은행원은 H과장이 다니는 직장이 우수 거래처로 지정받아서 이른바 임직원 우대대출까지 받을 수 있다며 대출을 현혹하던 사람이었다.

그는 결국 급히 400만 원을 빌려 은행에 갖다 주고 만기를 연장할 수밖에 없었다. 거래하는 동안 연체 한 번 하지 않았고 이자도 꼬박꼬박 내왔는데 회사가 조금 어려워졌다고 갑자기 대출한도를 줄이겠다고 나선 은행에 그의 마음은 쓰라리기만 했다.

하지만 그가 대출을 쓰고 있는 한 은행은 그에게 '갑'이라는 존재이다. 금융회사는 고객이 충성을 다한다고 해서 무조건 선을 베풀지 않는다. 금융회사가 교묘하게 파놓은 덫에 빠지지 않기 위해서는 결국 자신의 통장에 잔고를 최대한 쌓아놓는 수밖에 없다.

우산론을 얘기할 때 더욱 안타까운 것은 사회적으로 돈을 조달하기 어려운 사람들에게 너무 야박하다는 사실이다. 특히 신용도가 낮은 사람들은 대한민국 사회에서 살기가 너무 어렵다. 한 통계를 보면 이런 모습이 극명하게 드러난다. 반면 당연한 것처럼 느낄지 모르지만, 공무원만 되면 직장에서 정년을 보장받는 것은 물론 대출을 받을 때도 '특혜 아닌 특혜'

를 받는다.

　코로나19 이후 긴축이 본격적으로 시행되며 주택담보대출 금리가 7~8%에 달하는 상황에서도 공무원들은 별천지와 같은 금리를 적용받기도 했다. 연금이라는 안전장치를 담보로 하지만 공무원들은 대출에서 다양한 방식으로 우대를 받는다.

　연금대출은 퇴직 후 받는 연금자산을 담보로 이용해서 현재 시점에서 돈을 빌리는 제도인데 일반대출, 주택자금대출2종, 사회정책적대출11종이 있고 한도 역시 각각 2,000만 원, 3,000만 원, 7,000만 원에 이른다. 게다가 공무원연금대출은 정부가 시행 중인 강력한 대출 규제에서 제외되어 있다.

　2022년 대출이 시행됐을 때 개시 10분 만에 모든 물량이 동나고 시작과 동시에 1만 3,000명이 몰리면서 서버가 마비돼 판매가 잠정 중단된 것을 보면 '그들만의 리그'라는 생각이 든다. 공무원들이 누리는 특혜라는 것도 실상 국민의 세금으로 만드는 것인데 말이다. 공무원들이 과연 그만큼 특혜를 받을 정도로 국민의 공복 역할을 하고 있다고 생각하는 사람들이 얼마나 될까?

　'유전무죄, 무전유죄'라는 말이 돈을 빌리는 데도 적용되고 있다는 느낌을 지울 수 없다. 신용이 떨어지는 사람은 돈을 구하기가 어려워지고, 돈을 구하지 못하는 사람은 다시 신용이 떨어지는 악순환이 심화되고 있는 셈이다. 자본주의의 원리가 원래 그렇다 치더라도 대한민국은 돈이 없으면 정말로 살기 어려운 나라이다.

우산론을 말하면서도 상업적 이익의 틀에 갇혀 우산이기를 포기하곤 하는 금융회사는 분명 두 얼굴을 가졌다. 그리고 그런 모습은 시장의 흐름이 급변할 때 곧잘 발견되곤 한다. 금리가 등락을 거듭하는 상황 속에서는 더욱 그렇다.

조금의 이자라도 더 얻고 싶어 하는 고객들을 비웃듯, 은행들은 가장 먼저 예금 금리를 떨어뜨린다. 하지만 대출 금리만큼은 소걸음보다 못하다. 오히려 거북이걸음보다 못하다는 표현이 맞을 것이다.

그들에게 손톱만큼의 대출 이자에도 비명을 지르는 고객들은 안중에도 없다. '내릴 때는 수신 금리 먼저, 올릴 때는 대출 금리 먼저'라는 문구는 이제 금융회사 영업 전략의 불문율이 되었다. 코로나19가 생긴 지 2년이 흐른 2022년 3월, 한 신문의 사설은 금융회사들의 이기적인 영업 행태를 직설적으로 보여준다.

'가계·기업 빚 4,540조인데 이자놀이에 빠진 은행들.'

그렇다면 실상이 어떻기에 중앙언론사서울경제의 사설에까지 등장했을까? 한국은행에 따르면 가계·기업의 부채를 더한 민간의 빚은 2021년 말 기준 4,540조 원까지 불어났다. 1975년 통계 집계 이후 최대치로 1년 전에 비해 409조 원이나 급증했다. 11년 반 만에 증가율¹⁰·⁰%이 가장 높았고 명목 국내총생산 GDP과 비교했을 때 220.8%에 이르는 규모다. 특히 자영업자 중에는 '적자 가구'가 78만 가구나 되고 이들이 진 빚이 177조 원을 넘었다. 이 중 27만 가구는 유동성 자산으로 적자를 1년 도 견딜 수 없는 '유동성 위험 가구'였다.

그런데도 정작 대출해 준 금융회사들은 '돈의 파티'를 벌였다. 2022년 1월 기준으로 은행의 예대금리차는 잔액 기준 2.24% 포인트로 2년 6개월 만에 최대로 벌어졌다. 4대 시중 은행의 2021년 한 해 이자 이익은 24조 원으로 1년 새 12%나 늘었다.

은행의 '얌체 영업 법칙'은 코로나 국면에서도 여지없이 등장했다. 아니 더욱 기승을 부렸다. 4대 은행의 주택담보대 출 고정 금리는 5%를 넘었는데 1년 만기 정기예금 금리는 1%대에 머물렀다. 아니 7~8%를 넘나드는 와중에도 은행들 의 정기예금은 고작해야 2% 수준이었다.

은행들은 과거 외환위기 때 수백조 원의 공적자금, 즉 세금 을 수혈받아 가까스로 살아났다. 그런데 그들은 코로나 후폭 풍과 인플레이션ⁱⁿᶠˡᵃᵗⁱᵒⁿ•으로 신음하는 고객의 숨통을 조이

• 통화량이 팽창하여 화폐 가치가 떨어지고 물가가 계속해서 올라 일반 대 중의 실질적 소득이 감소하는 현상

며 사상 최대 이익을 올리고 은행원들은 억대 연봉을 받고 있으니 답답함을 넘어 황당하기까지 하다.

그렇다고 금융회사들을 무조건 비판하는 일은 옳지 않다. 그들은 엄연히 돈의 흐름을 중개하고, 때로는 많은 사람에게 우산이 되어 주는 것도 사실이다. 차근차근 모으는 적금은 단순히 부의 축적이 아니라 개인과 가정에 행복이라는 포만감을 안겨준다. 이는 금융회사가 존재하는 이유이기도 하다.

하지만 우산이 때로는 무서운 독이 되어 다가오기 때문에 문제이다. 은행이 돌변하는 모습에 미리미리 준비하지 못하는 사람의 우산은 조그만 바람에도 날아간다. 때로는 손에 든 우산마저 빼앗긴다. 심하게 말하자면 금융회사는 하이에나 같은 속성을 지녔기 때문이다.

물론 건전성이라는 개념을 최우선으로 하는 금융회사에 절대적인 선을 바라는 것은 무리일지 모른다. 어쩌면 항상 선한 존재로 남아 있기를 바라는 것 자체가 잘못된 일이다. 부실한 고객을 살리려다 정작 자신이 부실화되면 수많은 다른 고객에게 피해가 옮겨갈 수 있다. 금융회사의 건전성이 가장 중요한 개념으로 받아들여지는 것은 이 때문이다. 부실이 독버섯처럼 퍼져나가는 걸 막으려는 것은 금융회사가 가져야 할 당연한 책무이다.

개인도 마찬가지다. 회사가 어려워지면 개인의 현금 창출

능력이 그만큼 떨어질 수밖에 없고, 이것이 신용도로 연결되는 것은 어쩔 수 없는 현실일지도 모른다. 은행 역시 엄연히 수익을 바라보고 장사를 하는 곳이다. 외환위기 이후 주택은 행장을 역임하면서 시장으로부터 화려한 스포트라이트를 받았던 고 김정태 전 행장에게 붙여진 닉네임처럼, 은행 역시 장사꾼이다.

하지만 이런 사실을 백 번 인정하더라도 은행을 무조건 상업적 기능만을 가진 기업으로 바라볼 수 없는 것도 한국 사회의 엄연한 현실이다. 은행에는 누구도 부인할 수 없는 공적 기능이 있다. 외환위기 이후, 그리고 글로벌 금융위기 이후 은행이 유동성 위기에 빠졌을 때 정부가 수조 원의 공적 자금을 들여 살려낸 것은 바로 은행이 국가와 국민을 위해 담당하고 있는 공적인 기능 때문이다.

사회는 그들에게 주식회사로서 사적인 이익의 기능만큼이나 국민의 우산 역할을 하는 공적인 영역을 요구하고 있다. 공적 자금은 바로 국민이 낸 세금, 즉 혈세이다. 회사가 어려워 신용이 떨어진 사람들 역시 꼬박꼬박 세금을 냈다. 그 세금은 바로 은행이 어려울 때 공적 자금이라는 명목으로 수많은 은행원을 구해내는 데 사용되었다.

은행은 완전히 사적인 주식회사도 아니고, 그렇다고 정부가 주인인 것도 아니다. 정밀하게 따지면 일종의 '회색기업'이다. 그럼에도 은행에게 우산론을 말하는 것은 그들이 가진 공적 역할 때문이다. 영리를 추구하는 기업으로서의 실체와 공익을 요구하는 고객의 목소리, 이 속에서 금융회사는 끊임없이 고민한다.

국민은 적어도 금융회사가 선의 얼굴로 악의 행위를 하는 일만은 피하기를 소망한다. 진정한 우산이 되지는 못할지언정, 그들이 접어놓은 우산이 비수가 되어 폐부를 찔러서는 곤란하지 않겠는가. 고객들이 맡긴 돈을 운용하는 실력은 10년, 20년이 지나도 변함이 없고 제조업에서는 세계 일류기업들이 계속 등장하는데 금융회사는 고작해야 동남아시아에서나 큰소리를 치는 것이 우리 금융산업의 실력이다.

이러니 예나 지금이나 이자 따먹기에만 의존하는 천수답경영을 하고 있는 것 아닌가. 고객들은 이제 색깔만 화려한 우산론을 갖고 선량한 사람들 등에 비수를 꽂는 은행의 모습을 더는 보고 싶지 않다.

펀드는
황금알을 낳는 거위인가?

펀드에 웃고,
펀드에 울고

|

단군 이래 최대 치욕이라는 IMF 신탁 체제는 우리 국민에게 다시는 떠올리고 싶지 않은 기억이지만, 되돌아보면 대한민국은 이를 통해 너무나 많은 변화를 겪어왔다. 정부의 국가운영 체제도 그렇지만 국민이 '경제'라는 단어를 생각하는 의식에도 근본적인 틀을 재정립할 수 있는 계기가 되었다.

무엇보다도 돈이 흘러가는 물꼬가 바뀌었고 자신의 지갑

을 채우고 관리하는 방식도 바뀌었다. 은행에 돈을 넣어두었다 해서 무조건 자신의 돈이 보장되지는 않는다는 사실을 알게 되었고, 위험에 따라 자신의 수익률이 바뀔 수도 있다는 개념적 틀이 재정립된 것도 IMF가 가져온 변화의 모습이었다.

그뿐만이 아니다. 종전에는 부의 축적 수단으로 생각지도 않았던 것들이 재테크라는 이름 아래 새로운 변종의 축적 수단으로 우리 앞에 나타났다. 그 중심에 있는 것이 바로 '펀드 Fund'이다.

지식인의 전유물로만 여겨졌던 펀드가 어느새 가정주부의 금융계좌까지 침투했다. 심지어 은행들은 매년 어린이날만 되면 언론을 타고 '어린이 펀드'라는 걸 선물로 주라고 꼬여낸다. 주식이 무서워 발을 담그지 못하는 사람들도 펀드라면 은행의 저축예금이라도 되는 것처럼 아무 생각 없이 가입한다. 덕분에 대한민국은 이제 세계 어느 국가에도 빠지지 않는 펀드 대국이 되었다. 펀드에 웃고, 펀드에 우는 시대가 된 것이다.

펀드라는 괴이한 물건은 언제 국내에 들어온 것일까? 역사적으로 세계에서 처음 펀드가 만들어진 것은 100년도 훨씬 더 되었다. 1868년 영국에서 만든 '해외 및 식민지정부 투자신탁'이란 것인데, 펀드의 원조 국가로 인식되고 있는 미국에서는 이보다 53년이나 지난 1921년에야 금융상품의 한 종류로

자리매김한다. '미국 국제 증권 신탁'이 바로 그것이다.

하지만 이는 극히 원시적인 형태였을 뿐, 펀드가 실질적으로 일반인들에게 인식되기 시작한 것은 1950년대에 들어서이다. 시장의 움직임에 따라 적극적으로 운용해서 높은 수익을 올리는 '뮤추얼 펀드mutual fund'라는 것이 등장하면서 보수적인 투자 문화에 길들여져 있던 금융시장에 변화의 물결이 일기 시작한 것이다.

펀드가 대한민국 사회에 들어온 것은 그로부터 20여 년 후로, 1970년 5월 20일 당시 한국투자개발공사가 설정한 '안정 성장 증권 투자신탁 1월호'가 그것이다. 이 펀드는 기네스북에 우리나라 최초의 펀드로 등재되기도 했다. 40년을 넘긴 지금에도 수백억 원의 설정 잔액을 유지하고 있으며 최근 5년 동안 수익률도 100%를 넘나들고 있다. 대한민국 펀드의 산증인 역할을 하는 셈이다.

그러나 외환위기 직전까지만 해도 펀드라는 것은 우리나라의 평범한 사람에게는 결코 친숙한 존재가 아니었다. 환란 직후까지만 해도 우리에게 낯익은 대형 금융사들이 잇따라 문을 닫으면서 손실을 주는 상품에는 눈길을 보내지 않았다. 하지만 구조조정의 과정을 거쳐 주식시장이 활황을 보이면서 상황은 달라지기 시작했다. 주식으로 쪽박을 차는 위험을 피하면서도 전문가의 손을 빌려 주식과 채권에 투자할 수 있는 펀드의 매력에 사람들이 불나방처럼 달려들기 시작했던 것이다.

펀드는 투자자들에게 '제3의 길'이라는 환상을 심어주었다. 신흥국가에 투자하는 상품들은 100%에 가까운 꿈의 수익률을 가져다줄 것이라는 펀드 판매사들의 감언이설에 따라 대한민국에는 '펀드 광풍', '묻지 마 펀드 열풍'이라는 신조어가 등장하며 펀드 유행이 들불처럼 퍼져 나갔다.

급기야 IMF 위기의 종료에 대한 희망이 보이기 시작하던 1998년 12월에는 미래에셋의 박현주 회장이 자신의 이름을 건 최초의 뮤추얼 펀드를 판매하기에 이른다. 투자자가 주인이 되는 이 낯선 간접 투자 상품은 발매 2시간 만에 500억 원의 한도를 채우는 기염을 토했다. 이어 대한민국 펀드의 신화를 만들어 낸 '바이코리아 펀드'와 '인사이트 펀드'에 이르기까지, 펀드는 마침내 투자의 으뜸이자 기본으로 자리매김하게 되었다.

펀드 시장은 2003년 이후 시중의 돈을 급격하게 빨아들이면서 가파른 상승곡선을 그렸다. 2007년 말 300조 원에 육박하더니 이듬해에는 361조 원까지 늘어나기도 했다. 기관투자자 중심이었던 펀드에 '묻지 마 펀드'의 열풍까지, 정보도 없는 개인들이 너도나도 뛰어드는 바람에 전체 투자의 50%를 넘어서기도 했다. 투자 대상도 주식과 채권, 부동산에서 선박, 영화, 한우, 그림, 고철, 심지어 와인과 물에 이르기까지 돈으로 굴릴 구석만 보이면 펀드라는 이름 아래 상품이 만들어졌다.

대한민국이 세계에서도 으뜸가는 '쏠림 현상'의 나라가 된 것에는 아마도 펀드의 광풍이 상당 부분 일조했을지도 모른다. 남녀노소 할 것 없이 펀드 광풍에 휩쓸리면서, 그리고 펀드가 품어내는 수익률이 은행의 몇 배에 이르게 되면서 사람들은 '펀드의 신화'가 영원할 것으로 굳게 믿었다.

물론 위기는 있었다. 2008년 글로벌 금융위기가 터진 이후 투자액의 60%에 이르는 손실을 보자 국민의 웃음은 울음과 탄식으로 변했다. 결혼을 몇 달 앞두고 결혼자금을 날린 커플들은 결혼날짜를 미뤘고, 곳곳에서 이혼하는 부부까지 생겼다. 이렇게 펀드의 함정에 빠졌던 국민들은 속절없이 밀려든 위기의 버블제트Bubble Jet 속에서 손도 쓰지 못한 채 눈물을 흘려야 했다. 가히 '펀드의 눈물'이었다.

그렇다면 거대한 위기를 넘기고 사람들은 다시는 펀드의 속임수에 빠지지 않았을까? 이쯤해서 많은 사람들이 눈치를 챘겠지만 '탐욕의 손길'은 돈이 이 세상에 존재하는 한 영원히 사라지지 않는다. 아니 더 정교하고 간악한 얼굴로 우리 곁을 찾아온다.

이를 이용하고 파생상품이라는 그럴듯한 모습으로 분장해 고객들의 돈을 속이고 꼬여내는 것이 금융회사들의 기술이다. 그리고 어느 순간 이 기술은 거대한 사고를 만들어 내고 수많은 고객들은 눈물을 흘리며 돈을 돌려 달라고 애원한다. 과거에는 그나마 저축은행에 쌈짓돈을 날렸던 사람들이 많았지만 이제는 '지식인'이라고 자부하는 사람들이 몰려 있는 서울 강남의 증권사 객장, 은행 창구에서까지 '높은 금리'를 들이댄 이들에게 속절없이 당하고 있으니 무섭기까지 하다.

흥미로운 것은 세월이 흐를수록 금융회사들이 만드는 펀드의 이름도 더욱 세련돼 간다는 점이다. '옵티머스, 라임……'이라니 이름만 보면 고객들은 돈을 들고 찾아갈 수밖에 없다. 그런데 강남의 증권사 객장, 대형 은행의 창구에서는 믿기 힘든 어처구니없는 사기 사건이 발생했다.

이름도 그럴듯한 '옵티머스 펀드'의 사기 방법은 어쩌면 단순하다. 애초 존재하지도 않는 공공기관 채권에 투자한다고 고객들을 유혹한 뒤 실제로는 엉뚱한 상품으로 운용한 것이다. 우리나라에서 공공기관은 국가가 보증하는 것이나 마찬가지이고, 투자자들로서는 자신의 원금이 떼인다고 조금도 의심할 수가 없다. 그러면서 엉뚱한 사모 사채*에 투자해 손실을 입혔으니 '날강도'라는 말이 무색하지 않다.

그 뒤 펀드들을 몇 개로 쪼개어 한 펀드에서 손실이 나면

---

* 채권의 발행자가 특정 개인이나 기관투자가들과 직접 접촉하여 발행증권을 인수시키는 사채

다른 펀드의 돈으로 이를 메우는 전형적인 돌려막기 수법을 썼다. 5년 전 금융당국이 우리나라에도 간접 투자시장을 키워보겠다고 사모펀드 시장의 규제를 풀어줬더니 기껏 한 행위가 사기였던 것이다.

옵티머스가 2018년 4월부터 2020년 6월까지 판 펀드는 총 1조 5,000억 원어치에 달했다. 판매한 곳은 다른 곳도 아니고 국민들에게 가장 서민적 이미지가 강한 농협 계열의 NH투자증권이었다. 국민들이 혈세를 들여 살려낸 우리투자증권을 인수한 농협이 이름을 바꿔 달았던 회사가 국민의 고혈을 빨아먹는 상품을 판 것이다.

더욱 황당한 것은 옵티머스의 고문단에 올린 사람들의 명단이다. 여기에는 전직 금융 당국 수장부터 검찰총장, 군인공제회 이사장 등 내로라하는 사람들이 수두룩했다. 고문단에 이렇게 엄청난 인물들이 올라 있고 공공기관 채권에 투자한다고 하며 높은 금리까지 준다는데 투자에 의심을 품을 사람이 얼마나 되겠는가.

안타까운 것은 이런 끔찍한 상황이 발생했는데 검찰 수사 결과는 14개월 동안이나 진행했음에도 꼬리 자르기를 무색하게 할 정도로 초라했다는 사실이다. 검찰은 옵티머스 일당 31명을 기소했지만 정작 로비 창구로 지목된 옵티머스의 호화 고문단은 일괄 무혐의로 처분했다. 의혹은 있지만 혐의는 찾을 수 없다는 것이었다. 권력형 비리 냄새가 진동했는데 힘 있는 사람들은 모조리 빠져나가니 서민들의 박탈감이 해소될 리 있겠는가. 윤석열 정부 출범 후인 2022년 6월 들어 재수사에 들어갔지만 한편으로 정권에 따라 수사 상황이 달라지는 것이 황당하다 못해 한심하다.

그나마 라임이나 옵티머스는 대형 사건으로 뉴스에 오르내려서 문제가 드러났지만 대다수 상품들의 불완전 판매는 고객들이 모르거나 알고도 속만 끙끙 앓고 지나치기가 일쑤다. 금융감독원이 2021년 10월 말부터 석 달 동안 보험과 펀드를 판매하는 은행과 증권사를 대상으로 미스터리 쇼핑^{암행검사}을 한 결과, 100점 만점으로 환산하니 50~60점으로 낙제점이었다.

펀드의 경우 은행 15곳과 증권사 14곳을 대상으로 진행했는데 평균 64.9점으로 '미흡' 등급이었다. 시험으로 따지면 낙제를 겨우 면하는 수준이다. 언제까지 고객들이 불완전 판매의 늪에서 허우적거려야 하는 것인지 안타깝기만 하다.

K의 또 다른 사례를 보자. 그는 오랜 세월 다양한 금융상품에 투자해 왔고, 어느 누구보다 금융 지식이 많다고 자부해 왔다. 그는 코로나19 직후 한 증권사 PB^{Private Banking}*의 권유

---

* 　거액 예금자를 상대로 고수익을 올릴 수 있도록 컨설팅을 해주는 금융 포트폴리오 전문가

에 따라 미국 대형 자동차 회사의 회사채에 투자했다. 투자금이 10만 달러였으니 원화로는 1억 2,000만 원에 달하는 큰 금액이었다.

그가 이 회사의 회사채를 살 당시 가격은 98.5달러였고 환율은 1,180원이었다. 중국 우한에서 코로나19 확진자가 발생했지만 초기였던지라 PB는 고객에게 '걱정하지 마라. 이 회사는 나라가 망하지 않는 한 문을 닫지 않는다'며 몇 번이고 안심시켰다.

하지만 코로나 확진자가 걷잡을 수 없이 늘어나면서 금융시장은 공포의 장을 연출했고, 초우량 회사의 주식과 회사채도 폭락에 폭락을 거듭했다. 불과 몇 개월 만에 이 회사의 회사채는 80달러 아래로 떨어졌고 K는 한꺼번에 2,000만 원 가까이 손실을 봤다. 물론 평가액 기준이고 아직 팔지 않았기에 손실이 확정된 것은 아니지만 그의 속은 타들어 갔고 밤잠을 이루기 힘들었다. 집을 제외하면 사실상 자신의 전 재산인데 아내에게 말도 못하고 속만 끙끙 앓았다.

그렇게 1년 넘는 시간이 흐르고 코로나19로 인한 시장의 패닉이 어느 정도 진정되자 투자한 회사의 회사채 가격도 많이 회복이 됐다. 하지만 여전히 시장의 불안은 계속됐고, 주식시장의 진폭도 컸다. 그래도 회복의 흐름이 이어지며 어느 날 마침내 회사채 가격이 100달러까지 올라갔다. 외국 기업 회사채인지라 이 증권사는 수수료로만 투자 금액의 1%나 챙겼다. 금융회사들은 펀드든 채권이든 고객의 손실 여부와 관계없이 수수료는 꼬박꼬박 챙긴다.

어찌 됐던 K는 1년여 만에 자신의 원금을 찾게 되자 가차없이 상품을 매도해 버렸다. 흥미로운 사실은 비슷한 시기에 K와 같이 투자한 다른 지역의 어느 중년의 부인은 일을 하느라 팔 생각을 하지 못하고 있었다는 것이다.

결과는 한 달 후에 바로 나타났다. K가 향후 금융시장의 상황이 다시 나빠질 수 있다는 판단 아래 원금 회수의 휘파람을 부는 동안 이 회사의 회사채 가격은 더욱 폭등했다. 가격이 120달러까지 올라간 것이다. K가 그대로 갖고 있었다면 한 달여 만에 2,000만 원 이상의 수익을 올릴 수 있었던 셈이다. 하지만 이 중년 부인은 아무 생각 없이 상품을 보유했고 결과적으로 금융지식이 훨씬 많은 K보다 비교할 수조차 없는 수익을 챙기게 됐다.

펀드든 채권이든, 예금이 아닌 한 투자 상품은 '기다림의 미학'이란 말이 나올 정도로 인내심이 최고의 투자 공식이다. 고객에게 투자 상품의 위험을 정확하고 소상하게 설명하는 것이 가장 중요하지만 고객 역시 손실을 보았다고 지나치게 당황하는 것은 옳지 않다. 투자 상품이 우량회사의 것이라면 언제든 가격은 회복되기 마련이다. 투자한 돈이 급하게 필요한 것이 아니라면 섣불리 손실을 보고 팔지 말고 기다리는 것이 엄청난 금융지식을 가진 것보다 훌륭한 투자 행위라는 점을 잊으면 안 된다.

펀드 초보자가 반드시
알아야 할 것들

|

안내가 펀드의 해답이라고 하지만 무조건 돈을 집어넣고 기다린다고 해서 어느 날 뚝딱 돈이 불어서 지갑 속으로 들어오는 것은 아니다. 전문가들은 뒤늦게 자신의 오류를 깨닫기라도 하지만 돈을 만지는 데 익숙하지 않은, 흔한 말로 재테크 초보자들은 그야말로 막무가내 식으로 투자하다가 낭패를 보는 상황에 몰릴 수 있다.

금융 위기 이후 숱하게 발생한 펀드 소송 문제 역시 초보자들이 빠지기 쉬운 함정에서 기인한 부분이 적지 않다. 대학을 졸업하고 건축회사에 갓 입사한 P는 입사 후 저축을 하고 싶은 마음에 은행을 찾았다. 은행원은 정기적금의 금리가 많이 올랐다며 자신만만하게 상품을 소개해 줬다. 하지만 하루라도 빨리 돈을 벌고 싶은 욕심에 창구 직원의 말이 귀에 들어올 리 없었다.

P는 결국 창구 한쪽에 놓인 펀드 쪽으로 자연스럽게 눈길이 갔다. 그러자 직원이 기다렸다는 듯이 펀드 상품 하나를 권했다. 그는 P에게 최근 1년 동안 수익률이 높았던 상품을 선뜻 권했고, P 역시 그 상품에 호감이 갔다. 최근 6개월 동안 수익률이 가장 높았다니 반절은 검증을 받은 것이나 다름없지 않겠는가.

희망찬 발걸음으로 은행을 나온 P의 얼굴은 불과 두 달 만에 흙빛으로 바뀌었다. 그렇게 잘 나가던 수익률이 오히려 다른 펀드에 비해 아주 나쁘게 나온 것이다. 창구 직원으로부터 소개를 받았고 검증된 펀드라서 골랐는데 도대체 무엇이 잘못되었단 말인가.

P는 바로 행동심리학에서 말하는 '최근성의 편견'에 빠져 있었다. 펀드 전문가들은 가장 최근의 수익률이 높았던 펀드들을 집중적으로 마케팅 한다고 말한다. 고객들을 유인하는 데에는 최근의 베스트셀러가 제일 낫다는 논리다.

하지만 베스트셀러가 된 책이 내용까지 보장하는 게 아니듯 펀드 역시 최근의 수익률이 높았다고 해서 무조건 우량 수익률을 보장하는 것은 아니다. '반짝 상품'보다는 역시 '썩어도 준치'라고 스테디셀러가 낫다는 것이다. 과거 글로벌 금융 서비스업체인 러셀 인베스트먼트Russell Investments의 한 간부의 말은 그런 점에서 귀담아들을 만하다.

"펀드의 과거 수익률이 미래의 성과를 보장하지 못합니다. 그래서 펀드를 평가할 때는 매니저의 능력이나 운용사의 철학 등을 반드시 따져봐야 합니다."

펀드에 장기간 인내심을 갖고 투자하는 사람이 더 나은 수익률을 거두듯이 금융상품 역시 장기간 수익률을 따져 수익률이 검증된 상품을 찾아야 한다는 것이다. 된장도 오래 묵힌 게 좋지 않은가. 그럼 우리보다 펀드에서 선진국이라고 할 수 있는 나라들은 어떨까? 역시 돈은 국경을 초월해 그 고유의 특성을 띠면서 흘러간다. 이런 법칙은 펀드의 종주국인 미국에서도 그대로 입증되었다.

위대한 펀드 매니저인 피터 린치Peter Lynch는 13년 넘게 자신의 유명 펀드인 '마젤란 펀드'를 운용하면서 단 한 해도 마이너스 수익률을 기록하지 않았다. 더구나 그의 연평균 수익률은 29%에 이른다.

그렇다고 그가 펀드 중 수익률로 1위를 한 적은 단 한 번도 없었다. 1등은 하지 않아도 항상 상위권에 올라 있고, 그런 매력이 바로 고객을 끌어들인 것이다. 명품은 오랫동안 품질을 유지하는 것이 매력이듯이 금융상품 역시 오랜 기간에 걸쳐 꾸준히 수익률을 올리면서 사람들에게 신뢰를 쌓은 것에서 훌륭한 상품이란 사실이 입증된 것이다.

모든 금융상품이 '이자'라는 개념에서 출발하듯이 펀드 역시 수익률이라는 지표에서 다양한 구멍이 존재하는 게 사실이다. '최근성의 편견' 못지않게 사람들은 눈앞에 펼쳐진 높은 수익률의 상품만을 추구하기 마련이다. 이는 초보든 전문가든 예외가 아니다. 펀드라는 상품 자체가 기본적으로 은행의 저금리에 지치고 좁쌀 같은 이자에 만족하지 못해 돈을 맡기는 것 아니겠는가?

하지만 이자라는 개념은 기본적으로 위험도와 줄기를 같이한다. 금리가 높다는 것은 그만큼 위험이 뒤에 도사리고 있다는 사실을, 사람들에게 아무리 줄기차게 강조해도 정작 결정적인 순간에 들어서면 금세 잊어버리곤 한다.

은행보다 저축은행의 금리가 높은 이유는 은행이 상대적으로 돈을 보관하는 안전도가 높기 때문이다. 저축은행은 안정성 측면에서 은행보다 떨어지지만 그나마 '1인당 5,000만 원 보장'이라는 국가가 주는 선물을 부여받고 있다. 저축은행을 찾는 사람들은 자기 돈을 맡긴 금융회사가 망할지 모른다는 두려움을 가슴 한쪽에 갖고 있으면서도 국가가 '예금자 보호'라는 그물을 통해 자신을 안전하게 보호해 주고 있다는 안정감 속에서 여유를 가진다.

하지만 펀드는 사실상 무방비 상태이다. 전문적인 기관이 투자하기 때문에 주식이라는 직접 투자보다 위험성이 덜하고, 여러 상품을 한 곳에 섞어놓아 위험을 그나마 조금 피할 수 있을 뿐이지 펀드 역시 언제나 돈을 잃을 수 있는 위험을 담보하는 물건이다.

초보의 함정은 바로 여기에 있다. 높아만 보이는 수익률에 매몰되어 위험성이라는 지뢰를 무시하고 있는 것이다. 더욱이 우리의 화려한 금융회사 창구는 잔뜩 미소 짓는 얼굴로 그런 지뢰밭을 아랑곳하지 않고 초보 인생들을 유인해 왔다.

이런 위험을 막기 위해 '자본시장통합법'이 나온 이후 이른바 투자 권유 준칙이라는 것이 시행되고 있다. 그럼에도 정작 일선 창구에서는 '위험도의 괴리'가 줄곧 발생한다. 초보 투자자들 대부분이 돈을 잃기 싫어하는 안정형 투자자임에도 막상 펀드에 가입할 때는 수익률이 높은 공격형 펀드만을 고집하는 일이 다반사인 것이다.

초보자들이 빠지는 또 하나의 함정은 바로 유명 판매사의 '후광 효과'에 매몰되기 십상이라는 것이다. 초보자일수록 '명품은 좋은 것', 또는 '좋은 회사에서 파는 물건은 좋은 것'이라고 맹신하는 것이다.

이런 왜곡된 맹신이 손쉽게 발견되는 부분은 바로 초보 펀드 투자자들 대부분이 '운용사'와 '판매사'에 대한 구분조차 제대로 하지 못한다는 점이다. 심지어 유명한 은행을 통해 펀드에 가입하면 성공이 보장될 것으로 믿는다. 판매사는 물건을 파는 곳일 뿐, 돈을 굴리는 곳은 따로 있다는 초보적인 진리를 돈을 맡기면서도 모르는 게 우리네 상황이다.

'묻지 마 펀드'라는 걸 만들어 내는 것도 투자자들이 이런 기본 개념 자체를 잃어버리는 데서 발생한 것일지도 모른다. 고객들은 판매만을 담당하는 금융회사를 맹신하고, 펀드에 가입한 이후에는 '나는 ○○은행의 펀드를 갖고 있다'고 주변에 자랑한다. 자신이 가입한 펀드를 어디서 운용하는지는 금세 잊어버리는 것이다.

펀드 판매사는 단순히 슈퍼마켓과 같을 뿐이라는 사실, 펀드를 파는 곳이 대형 금융회사라 해서 반드시 좋은 것은 아니라는 사실을 펀드라는 물건에 접촉한 지 제법 되었다는 사람들조차 인식하고 있지 못하는 경우가 흔하다.

혹자는 이를 대형이 가져다주는 '후광 효과 함정'이라고 거창한 이름을 붙이기도 하지만, 어찌 되었든 겉만 번지르르하게 마케팅만 잘하는 곳이 아니라 제대로 굴리는 곳이 알짜라는 사실을 잊어서는 안 된다. 대형 마트에서 항상 좋은 물건만을 파는 것은 아니지 않은가?

그나마 이마트 같은 대형 마트에서는 물건이 문제가 있으면 곧바로 바꿔주기라도 한다지만 펀드는 한 번 가입해서 손해를 봤다고 물어주는 일은 없다. 금융상품에서 손실을 보았다고 리콜을 해주는 것은 이른바 불완전 판매를 통해 금융회사들이 반칙하는 경우 말고는 거의 없다. 그래서 좋은 펀드를 고르는 원칙 중 하나로 운용사를 제대로 고르라는 말은 초보 펀드 투자자들이 가슴에 깊이깊이 새겨야 할 것이다.

더욱이 운용사마다 저마다의 철학을 갖고 있고, 규칙을 지니고 있다고 자랑하지만 검증된 곳을 찾기란 쉽지가 않다. 국내 운용사 최고경영자들의 재임 기간이 대부분 2년이 채 안 되고, 펀드의 운용 책임들의 수명도 짧은 점을 고려하면 운용사의 선택이 얼마나 중요한지 알 수 있다.

더욱이 과거에 성과가 좋았던 펀드들이 자금 유입이 많아지면서 설정액이 커지고, 이에 따라 운용하는 인력의 능력 밖으로 자산이 생기면서 성과 역시 나빠질 수 있다고 전문가들은 말한다. 투자자들이 맡기는 돈은 많아지는데 이를 감당할 능력이 안 된다는 것이다.

물론 제대로 된 운용사를 선택한다고 해서 모든 일이 해결되는 것은 아니다. 부지런한 새가 많은 먹이를 구하듯, 금융상품 역시 발품을 최대한 많이 팔수록 좋다. 은행이야 앉아서도 금리를 알 수 있지만 펀드는 다르기 때문이다.

일반인 가운데 펀드에 대한 지식을 제대로 갖춘 사람은 그리 많지 않다. 그럼에도 대부분의 사람들은 펀드에 일단 가입하겠다고 마음먹은 후에도 달랑 한 곳의 판매사만을 찾아 이것저것 따지지 않고 가입계약서에 서명하고 나온다.

평범한 가입자가 어디가 좋은 판매사인지, 어디가 착한 판매사인지를 구별할 능력이 어디 있느냐고 되물을 사람들이 있을 것이다. 그렇지만 최대한 여러 판매사를 찾아서 상품들을 비교해 보는 노력은 필요하다. 많은 이익은 바라지 못해도 발품을 팔다 보면 최소한 금융지식이라도 늘지 않겠는가? 발품만이 아니다. 손품도 중요하다. 한국투자자보호재단이나 금융투자협회 같은 사이트를 방문해서 가입 전에 비교 분석해 보는 지혜가 필요하다.

기본적으로 금융회사에 속해 있는 전문가들은 상품 중개에 따르는 이익을 얻는 것을 가장 우선으로 생각하는 사람들이다. 그들에게 투자자는 자신들이 속한 회사 다음의 객체일 뿐이다. 그들이 고객을 제일 먼저 생각한다는 것은 분명히 거짓이고 위선이다.

이들은 거래를 통해 수수료를 얻는다. 그러니 하나라도 더 팔려고 하는 게 인지상정 아니겠는가. 그렇다면 답은 뻔하다. 전문가들이 내놓는 정보라는 것도 결국엔 자기들이 내세우는 상품의 안내와 홍보를 바탕으로 이뤄진다. 따라서 그들이 얘기하는 긍정적인 정보가 단순히 판매를 위한 마케팅은 아닌지 따져봐야 한다. 당신이 금융회사의 주인이라면 투자자의 이익과 손실을 먼저 생각하겠는가, 아니면 판매에 따른 회사의 이익을 먼저 챙기겠는가?

ELS는 마술인가,
공포의 대상인가

금융공학이 만들어 낸 가장 '훌륭한' 투자 상품 중 하나가 주가연계증권ELS일 것이다. 외환위기 이후 자본시장이 발전하면서 국내에는 듣도 보도 못하던 금융 용어들이 등장했다. 웬만한 경제학 교과서에서도 발견할 수 없었던 어려운 용어들을, 어느새 국민들도 평상시 용어처럼 사용하기 시작했다. 하지만 이는 어느 순간 투자자들의 목덜미를 잡기 시작했다.

과거 은행 예금과 적금만 알던 시골 할아버지 할머니들에게조차 창구 직원들은 예금 금리보다 두 배, 세 배 높은 금리를 얘기하며 ELS 가입을 부추겼다. 손실 볼 걱정은 하지도 말라는 직원들의 말에 노인들은 별생각 없이 사인을 하고 도장을 찍었다.

결과는 참담했다. 글로벌 금융위기를 비롯해 크고 작은 위기를 겪으면서 ELS는 참담하게 배신을 했다. 물론 절대적인 위험성만 따지면 ELS는 다른 투자 상품들에 비해서는 손실 가능성이 적은 게 사실이다. 특히 개별 종목이 아니라 코스피나 홍콩 H지수, 일본 닛케이, 미국 스탠더드앤푸어스S&P 등의 종합주가지수와 연계할 경우 주식이 대폭락하지 않는 한 손실을 볼 가능성이 적다.

하지만 손실 위험이 적을 뿐이지 없는 것은 아니다. 더욱이 일정 기준 아래로 떨어지면 손실액은 최대 전액을 날리기도 한다. 그러니 '안정성'을 얘기하는 것 자체가 어불성설이기도 하다.

여기에 ELS는 기본적으로 폐쇄형이기 때문에 한 번 가입하면 일정 기간 환매도 불가능하다. 급하게 보험까지 해약하는 상황이라면 환매를 못하고 묶이는 것은 엄청난 기회비용을 날리는 일이다. 이런 점을 두루 감안하면 ELS 상품의 금리가 은행 예금보다 2~3배 높다고 금융사 직원들이 너도나도 가입을 추천하는 것이 맞는 건지 의문이다.

이런 점을 충분히 알지 못한 사람들은 상대적으로 높은 금리를 내세우는 ELS에 수천만 원씩 가입하는 데 주저하지 않는다. 결국 과거 H지수 폭락 사태로 수많은 사람들이 손실 공포에 떠는 결과를 낳았다.

문제는 손실 가능성이 언론에 그리 알려졌고, 위험성을 충분히 고지하도록 금융 당국이 조치를 했음에도 계속해서 ELS의 문제점이 드러나고 있다는 점이다. 이는 은행이나 증권사의 책임도 있겠지만, 근본적으로 높은 금리만 믿고 위험성을 쉽사리 잊곤 하는 투자자들의 책임도 적지 않다고 볼 수 있다.

더욱이 H지수 폭락 사태로 ELS의 무서움을 인지했음에도, 증권사는 물론이고 은행들까지 아직도 최고의 상품이라고 계속해서 가입을 권유하니 안타까운 노릇이다. 그 후유증은 10년, 20년이 지나도록 되풀이되고 있다.

코로나 이후의 긴축 여파로 글로벌 증시가 폭락한 2022년 4월 말 기준 ELS 미상환 발행 잔액은 38조 9,268억 원으로 1년 전보다 41.7%나 급증한 것으로 집계됐다. 미상환 발행 잔액이 증가했다는 것은 상환 조건을 충족하지 못한 ELS 상품이 늘고 있다는 것을 의미한다. 이 중 홍콩 H지수를 기초자산으로 포함한 ELS의 미상환 발행 잔액은 20조 3,342억 원으로 같은 기간 71.2% 증가했다.

개별 종목을 기초자산으로 한 충격은 더 크다. 직장인 W는 '8만 전자'이던 삼성전자를 단일 기초자산으로 한 ELS에 가입했다. 당시 기준가는 8만 1,000원으로 9만 원을 넘어 10만 원을 향하던 삼성전자였기에 이 정도면 결코 손실의 위험이 없다고 금융사 직원도, 자신도 믿어 의심치 않았다.

상환 조건은 평가 당일 주가가 기준가의 90%를 넘는 것이었는데 가입 1년이 지나면서 주가는 외려 6만 원 아래로 다시 떨어지기도 했다. 삼성전자 주가가 만기 평가일까지 극적으로 반전하지 않을 경우 원금 손실 가능성까지 걱정해야 할 지경이다.

삼성전자가 신고가를 찍었던 2021년 1월부터 2022년 5월까지 삼성전자 1개만 기초자산으로 발행된 국내 주식형 ELS

공모형는 149개, 발행 금액은 748억 원이었는데 만기일이 남아 있는 종목 97개 중 83개87% 가 녹인배리어knock in barrier. 원금 손실 한계선를 터치했다. ELS는 계약 만기일까지 기초자산의 가격이 정해진 수준 아래로 떨어지지 않으면 약속된 수익을 지급하지만 녹인배리어를 터치하면 투자자들은 만기까지 ELS를 보유해야 할 가능성이 크고 만기가 돼도 원금 손실 우려가 크다.

금융사들은 ELS가 기초자산이 되자 해외 주식까지 기초 자산 품목으로 삼았다. 해외 주식에 대한 투자자들의 관심이 높아지자 우리들에게 익숙한 기업들을 편입한 상품을 줄줄이 내놓았다.

하지만 이는 1년도 안 돼 엄청난 손실로 다가왔다. 대표적인 예가 2022년 4월 중순에 터진 넷플릭스 주식의 폭락 사태이다. 사실 문제가 불거지기 불과 1~2년 전만 하더라도 넷플릭스는 전 세계 투자자들에게 최고의 투자 상품이었다. 기하급수적으로 늘어나는 가입자들을 보면서 사람들은 넷플릭스의 성장이 영원할 것으로 보았다.

믿었던 도끼에 발등을 찍힌 것일까? 넷플릭스 가입자가 10년 만에 감소세로 돌아선 것으로 나오자 4월 20일 주가는 하루만에 35% 폭락하는 상황을 맞이했다. 이튿날에도 5% 가량이 또 떨어지면서 넷플릭스를 기초자산으로 삼은 국내 ELS 상품은 졸지에 원금 손실knock-in 구간에 진입했다.

증권사들로부터 이를 공지 받은 투자자들은 공포에 휩싸였다. 녹인 구간이 설정된 ELS는 일단 원금 손실 구간에 진입하면 최초 기준가의 80~90% 선까지 회복되지 않을 경우 손해를 볼 가능성이 크다.

　　비단 넷플릭스뿐만 아니다. 이 세상 어느 기업이고 망하지 않는 기업은 없다. 그런데도 금융회사들은 어떻게든 새로운 상품을 팔기 위해 고객들을 끊임없이 유혹한다. 그리고 문제가 생긴 뒤 그들이 하는 말은 한결같다.

　　"죄송합니다."

　　이제는 투자자들이 소송을 해도 이길 수가 없다. 공교롭게도 과거 몇 차례 ELS에서 손실이 발생한 이후 당국은 금융회사들이 이 상품을 팔 때 고객에게 충분히 손실 가능성을 고지하도록 지시했다. 일선 창구에서 고객들은 수십 분 동안 창구 직원으로부터 설명을 듣는 시간을 갖지만 여기에 집중하는 고객은 거의 없다. 그들의 머릿속에는 여전히 '설마……' 하는 의식이 팽배하다.

　　하지만 '설마'는 방심하는 사이 우리의 뒤통수를 때린다. 충분히 교육을 받은 탓에 하소연할 수도 없다. 라임 펀드처럼 대놓고 사기를 치지 않는 한 투자자들이 소송에서 보전 받을 길은 없다.

　　그러니 결론은 간단하다. 적어도 투자 상품에 한해서 자기 돈은 자기가 챙겨야 한다. 손실이 발생할 때 금융회사들은 철저히 등을 돌린다. 금융회사들은 결코 천사가 아니다.

환매의
기술

ㅣ

펀드는 수많은 금융상품 중에서도 유독 인간의 인내심을 시험하는 습성을 가지고 있다. 펀드 투자에서는 끈기가 곧 돈이라고 해도 지나치지 않다. 그렇다고 마냥 묻어두고만 있으라는 얘기는 아니다. 어차피 수익률 게임인 이상 타이밍을 포착해서 펀드를 깨는, 즉 환매하는 시점을 잡는 게 중요하다.

하지만 말이 쉽지 환매라는 것은 항상 투자자들을 시험한다. 수익이라는 게 인간의 탐욕에서 발생하는 것이고, 자신이 어느 정도의 수익을 올릴 것인지를 결정하는 것은 결국 용기와 결부되어 있기 때문이다. 인간의 정서가 결국 수익으로 연결된다는 얘기다.

조금이라도 이익을 더 거두고 싶은 마음은 투자자들을 현혹하고, 이 속에서 또 다른 함정에 빠지게 한다. 그 함정은 경제 상황을 잘 안다고 해서 항상 벗어나 있는 것도 아니고, 모른다고 해서 무조건 빠지는 것도 아니다.

모든 투자 상품은 '발목에서 사서 어깨에서 팔라'는 말이 불문율처럼 여겨지지만 현실 속에서 이를 그대로 지키는 사람은 드물다. 주가가 내리막길을 걸으면 지레 겁을 먹어 허벅지 근처에만 내려와도 금세 팔아 치우는 것이 인간의 심리이다.

인간은 돈을 굴릴 때가 되면 유독 나약해진다. 오죽하면 주가가 오를 것도 모르고, 지레 겁을 먹어 펀드를 환매한 남편에게 '루저 남편'이라는 비아냥 섞인 별칭이 생겼을까? 올해로 3년째 펀드를 쥐고 있는 M의 경우를 보자. 그는 몇 년 전 가입한 적립식 펀드가 계속 손실을 내는 바람에 고생을 했다. 정말인고의 세월이었다. 그러다 간신히 펀드에 편입된 주식의 지수가 올라서 이제야 플러스로 돌아섰다. M은 지긋지긋한 마이너스 수익률에서 빠져나오고자 펀드를 환매하기로 했다.

미련이 조금 남았지만, 그래도 매일매일 마이너스가 붙은 수치를 보는 게 지겨웠다. 잊고 사는 것이 차라리 정신 건강에 좋다는 말을 스스로 수십 번은 더 되뇌었다. 하지만 정작 환매 후에 M은 고민에 휩싸였다. 은행에 가보니 정기예금 금리는 올랐어도 여전히 2% 중반, 저축은행도 3% 수준이었다. 세금에 무섭게 오른 물가까지 감안하면 신문에서 말하는 '마이너스 금리'라는 말이 바로 이런 것이구나 하는 생각이 들었다.

고민 끝에 그가 선택한 것은 다시 펀드에 가입하는 것이었다. 그나마 그동안의 펀드 운용 경험이 있어서 이번에는 한꺼번에 목돈을 넣지 않고 주가가 내릴 때마다 분할해서 돈을 넣는 방법을 택하기로 했다.

그 덕분일까, 펀드 수익률 실적은 그런대로 괜찮았다. 가입한 달도 채 안 되어 5%의 플러스 수익률이 났다. 몇 년 동안 마이너스 인생에서 살다가 한 달 만에 5%, 연으로 따지면 무려 60%에 이르는 플러스 게임을 하다니 가슴이 뭉클했다. 나도 이제 반쯤은 펀드 전문가가 되었다는 생각에 스스로 자신의 엉덩이를 두들겨 주고 싶었다.

하지만 황홀함은 오래 가지 않았다. 멀쩡하던 금융시장에 난데없이, 그것도 언론에서 경제가 회복되고 있다고 떠들어댄지가 언젠데 외국에서 악재들이 터져 나오더니 주가가 불과 사흘 만에 3%나 빠져나간 것이다. '자라 보고 놀란 가슴 솥뚜껑 보고 놀란다'고 했던가. M은 이번에도 마이너스의 수렁에 빠질까 하는 두려운 마음에 곧바로 환매를 결정했다.

하지만 일주일 정도 시간이 흐른 후 그에게 돌아온 돈은 원금도 안 되는 상태였다. 왜 이런 상황이 벌어졌을까? 이유는 이랬다. 우선 운용사에 갖다 바치는 수수료야 모든 펀드가 다 그렇다 치고(운이 없게도 M이 가입한 펀드 수수료는 유독 많았다) 해외 주식이 편입된 펀드는 환매 시 기준가가 환매 당일이 아니라 2~3일이 지난 후에 결정된다는 함정이 도사리고 있었던 것이다.

M은 그래도 펀드의 오랜 가입자답게 이런 사실을 잘 알고

있었고, 이런 점을 생각해서 2%의 플러스가 난 상황에서 환매를 결심했는데, 불과 이틀 만에 마이너스로 돌아서 버렸던 것이다. 펀드에서 수익을 내기가 이렇게 어렵단 말인가? M의 답답한 가슴은 아예 우울함으로 변했다.

"지극히 단순할 것 같은, 그리 대단한 전문지식이 필요할 것 같지도 않은 펀드가 왜 이렇게 나를 고통스럽게 하는가?"

흥미로운 사실은, 우리 주변에 M과 같은 사람이 너무나 많다는 것이다. 오죽하면 한 증권사는 〈환매의 기술〉이라는 보고서를 내기도 했다. 보고서를 보면, 환매를 결정하는 데에도 체계적인 계획과 전략이 필요함을 알 수 있다.

그중에서도 가장 중요한 것이 '환매 타이밍 잡기'이다. M의 환매에서 기술이 모자란 부분을 굳이 하나 꼽자면 이른바 '분할의 미학'이다. 가입할 때는 주가가 내려갈 때마다 분할해서 들어갔으면서 정작 환매할 때는 한꺼번에 돈을 뺀 것이다. 하지만 현실적으로 투자자들이 정확한 환매 시점을 포착하기란 매우 어려운 게 사실이다. 결국 M과 같은 시행착오를 줄이기 위해서는 시간 간격을 두고 몇 번에 걸쳐 환매에 나서는 전략이 필요하다.

보고서는 펀드 환매의 또 다른 기술로 '시간 개념'을 잊지 말아야 한다고 충고한다. M의 경우처럼 해외 펀드에 가입한 사람은 더욱 그렇다. 우선 국내건 해외건 간에 '오후 3시'라는 개념을 잊어서는 안 된다. 오후 3시 전에 환매를 신청하면 그날의 시장 상황이 반영된 기준가로 가입과 환매가 이뤄지지만, 3시 이후에 신청하면 다음날의 시장 상황이 반영된 기준가로 가입과 환매가 이루어진다. 여기에 M의 경우처럼 해외 주식이 편입된 펀드는 기준가, 즉 자신에게 돈이 들어오는 기준점이 환매한 당일이 아니라 통상 2~3일 후의 시점에 따라 결정된다.

시간의 관념이 적용되는 게 또 있다. 자신이 가진 펀드가 여러 개일 경우 어떤 펀드부터 해지할 것인지 누구라도 한 번쯤 고민할 것이다. 이 경우 당연히 수익이 많이 난 것부터 깨는 게 원칙이라고 생각하기 십상이지만, 여기에도 함정은 도사리고 있다. 수익률이 높다고 무조건 깨는 것은 참으로 순진한 발상이다.

주식시장에 '가는 종목이 계속 간다'라는 말이 있듯이, 펀드 역시 수익률이 높은 것이 계속 올라가고 손해가 나는 펀드는 계속 떨어질 수도 있기 때문이다. 펀드의 환매에는 이렇게 단순하면서도 꼭 챙겨야 할 기술이 있다. '묻지 마 투자'도 문제지만, '묻지 마 환매' 역시 어리석은 행위임을 잊지 말자.

가상화폐는
신기루인가?

ㅣ

천정부지로 치솟는 아파트값은 가뜩이나 벌어진 우리 사회의 빈부격차를 돌이키기 힘든 수준으로 만들어 놓았다. 그나마 개발도상국 시대에는 시골구석에서 태어나도 대학에 들어가면 성공할 수 있다는 희망이 있었다. '개천에서 용 나는' 세상은 가난한 세상의 상징이자 노력하면 성공하고 돈 벌어 떵떵거리고 살 수 있다는 희망의 글귀였다.

하지만 불과 1~2년 사이에 집값이 두 배 넘게 뛰고 서울 아파트 평균이 10억 원이 넘어서는 상황에서 '저축하면 집을 살 수 있다'는 말은 황당함을 넘어 우리의 젊은 세대의 가슴을 후벼 파는 문장에 불과하다. '영끌', '빚투'라는 신조어는 우리 시대의 일그러진 자화상이자 젊은 세대에 안겨준 사회의 거대한 짐이다.

우리를 더 안타깝게 한 것은 벼랑에 몰린 젊은이들이 어떻게든 신분을 바꿔보겠다며 달려든 탈출구마저 그들을 처참하게 배신했다는 것이다. 우리의 뒤통수를 때린 것은 이 시대의 젊은이, 아니 서민들이 전 재산을 집어넣고 승부를 걸었던 '가상화폐'이다.

가진 자들은 위험성이 큰 가상화폐에 재산을 올인하는 그들을 향해 불나방이요, 어리석은 투기꾼이라고 돌팔매를 던질 것이다. 하지만 가상화폐는 유일하게 그들의 상황을 바꿀 수 있는 해방구였다. 태양을 향해 끝없이 날아간 이카루스의 날개처럼 녹아내린다면 추락의 끝은 가늠하기 힘들겠지만, 설령 고꾸라지더라도 '추락하는 것은 날개가 있다'는 말을 믿으며 가상화폐의 문을 두드렸다.

금융위원회가 2022년 3월 발표한 가상자산 사업자 실태조사 결과에 따르면 국내 가상자산 거래소 가입자는 2021년 말 현재 1,525만 명에 달했고, 이 중 고객 확인 의무를 거쳐 실제 거래가 가능한 실제 이용자만 따져도 558만 명에 이르는 것으로 파악되었다.

문제는 실제 이용자 중에 30~40대가 322만 명[58%]으로 가장 높은 비중을 차지했다는 점이다. 국내 가상자산 시장 규모는 55조 2,000억 원이고, 하루 평균 거래 규모는 11조 3,000억 원에 이른다니 돈의 노예생활에서 빠져나가 신분을 바꿔보려는 사람이 얼마나 많은지 단적으로 보여준다.

개인뿐이랴. 가난한 나라들도 가상화폐에서 운명을 건 곡예놀이를 했다. 엘살바도르는 비트코인을 세계 최초로 법정 화폐로 도입하기까지 했다. 하지만 거대한 인플레이션의 파고와 이를 바로 잡기 위한 긴축 바람은 자산의 거품을 붕괴시켰고, 쓰나미는 하필 젊은이들이 목숨을 건 가상화폐를 향해 덮쳤다.

2021년 11월 3조 달러에 육박하던 전 세계 가상화폐 시가 총액은 불과 7개월 만에 70%가 폭락하며 2조 원 이상 날아가 버렸다. 천정부지로 치솟으며 환호성을 지르게 했던 비트코인은 6만 8,000달러까지 치솟더니 2022년 6월 19일 2만 달러 아래로 곤두박질쳤다. 가상화폐 테라 루나는 가격이 어느 날 갑자기 99% 폭락하는, 보고도 믿을 수 없는 광경을 만들었다. 라임, 옵티머스같이 화려한 이름의 펀드만큼이나 광채가 나는 '루나'라는 이름은 우리들의 희망을 산산조각 냈다. 자그마치 28만 명이 '달의 몰락'을 마주했다.

그렇다고 우리의 젊은이들을 배신한 사람이 길거리의 형편 없는 부랑자도 아니었다. 테라와 루나의 개발자인 권도형이라는 인물은 대원외고와 미국 스탠퍼드대학교를 졸업한 뒤 마이크로소프트와 애플에서 엔지니어로 경력을 쌓았다. 이런 이력을 보면서 그들이 투자한 돈이 어느 날 휴지 조각이 될 것이라고 생각한 사람이 얼마나 될까?

물론 모든 투자의 책임은 투자자 본인에게 있다. 예금자 보호제도라는 이름 아래 5,000만 원까지 보장해 주는 금융회사 예금을 제외하고 투자 상품의 손실에 대해 구원을 요구하는 것이야 말로 어리석은 짓이다. 그래도 우리의 서민들은 극한상황에서 구원의 동아줄을 찾을 수밖에 없다. 설령 자신의 행위가 일확천금을 노린 것이라도 국가라는 행정기관이 혹여 구원의 손을 내밀지 않을까 마지막 희망을 품어보곤 한다. 국가는 서민들이 기대는 최후의 보루가 아닌가.

하지만 적어도 가상화폐에서 국가의 존재는 없었다. 가상화폐가 시장의 존재로 굳어질 때에도 금융위원회와 기획재정부 등은 서로 감독권을 갖지 않겠다고 버텼다. 혹여 사고가 나면 자신들이 모든 오물을 뒤집어쓸 수 있다는 면피이자 공무원들의 전형적인 보신주의 행정이었다.

루나 사태가 터지자 이런 모습은 여실히 드러났다. 금융 당국은 '개입할 법적 근거가 없다'고 발을 뺏고 정부의 모든 부처가 투자자들의 눈길을 피했다. 한동훈 법무부 장관 취임 이후 남부지검에 부활시킨 '증권·금융범죄 합동 수사단'이 사기 행위 수사에 나섰지만 금전적 보상과는 거리가 멀다.

우리나라 서민과 젊은이들의 눈물은 누가 닦아줄 것인가? 정부의 엉터리 부동산 정책으로 사회의 중심에서 멀어진 젊은 세대들이다. 물론 가상화폐가 과거의 화려한 불꽃은 아니더라도 다시 한 번 꿈을 키우는 공간으로 태어날 수도 있다. 하지만 그런 시간을 끝까지 기다리기에는 우리 젊은이들의 가슴이 너무 헛헛하다.

보험의 유혹,
보험의 덫

너무도 난해한

보험의 공식

인간이라는 존재는 정말 미약하다. 자신의 의지를 믿지만, 아니 믿고 싶지만 부지불식간에 다가오는 위험 앞에서는 한없이 허약한 존재로 전락한다. 태초부터 그랬다. 원시시대부터 태양을 섬기고, 고인돌을 만들고, 제사를 지내면서 무사함을 비는 토테미즘이라는 것도 사실 인간의 나약함이 묻어난 행위다. 끔찍한 병마 앞에서 무형의 신을 찾고, 그 속에서 안식을 맛보는 것은 인간이 가진 내면의 허약함이 겉으로 표출된 결과이다.

돈은 여기서 또 한 번의 마술을 부린다. 사람들은 나약한 마음을 돈의 흐름과 연결한다. 자신의 삶에 언제 닥칠지 모르는 위험에 미리 대응하기 위해 방어막을 구축하고, 그 방법을 돈을 통해 찾는다. 보험은 바로 인간의 허약한 본질과 돈이 결합된 산물이다. 보험을 문학적으로 표현하자면, 주술로 되지 않는 것에 금융이라는 원리를 대입해서 과학적인 수학 게임으로 만들어 낸 것이다.

보험의 역사는 인류의 역사와 궤를 같이한다. 기원전 3,000년 전 바빌로니아 상인들이 바다에서 겪는 위험에 대비해 만든 '보텀리Bottomry'라는 제도가 효시였던 것으로 추정된다. '육상 모험 대차'라고 불리는데, 그 방식은 지금 봐도 신기할 정도이다.

선주나 하주가 선박 등을 저당해서 대금업자로부터 돈을 빌린 뒤에, 항해 중 사고가 나서 손실을 보면 돈을 반환할 의무가 면제된다. 대신 항해가 무사히 끝난 경우는 원금에 높은 이자를 더해 돌려주는 제도이다. 지금의 보험제도와 너무도 흡사하지 않은가.

1666년 9월 런던의 한 작은 빵집에서 불이 나서 1만 채가 넘는 주택이 잿더미가 되자 화재보험이 생겨나기도 했다. 근대적 의미의 보험 역시 바빌로니아와 같은 해상보험에서 시작되었다고 한다. 보험을 말할 때면 빠지지 않는 영국의 에드워드 로이드Edward Lloyd가 여기서 등장한다.

로이드는 1688년 템즈 강변의 타워 거리에 커피하우스를 열었다. 당시 템즈 강변은 해운, 무역은 물론이고 보험 관계자 등의 집합 장소로 활용되었다. 로이드는 여기서 고객들을 위해 해운에 관한 뉴스를 모아 나눠주었고, 그가 운영하는 커피하우스는 계속 발전해서 일종의 회원조합이 되었다. 그는 1887년부터 해상보험 이외의 분야까지 활동 영역을 넓혀, 오늘날 세계 보험시장의 중심 역할을 하는 '로이드보험사'가 탄생했다.

한국에서도 보험의 역사는 흥미롭다. 우리나라 보험 계약의 1호는 '소牛'이다. 그 효시를 알기 위해서는 100년을 더 거슬러 올라가야 한다. 1897년에 '소 보험 증권'이라는 것이 계약 1호로 탄생한다. 이 증권에는 '보조표 엽 한 냥'이라고 적혀 있는데, 보험료가 엽전 한 냥이라는 뜻이다.

엽전 한 냥을 일시불로 납입한 뒤에 소가 죽으면 엽전 열 냥에서 많게는 백 냥을 지급했던 것으로 알려져 있다. 불과 수십 년 전까지만 해도 농촌에서는 소가 집안의 가장 귀한 보물이었던 점을 떠올리면, 보험이 우리의 삶을 지키기 위한 보호 수단이란 말이 딱 어울린다.

인간은 보험에도 다양한 금융의 등식을 적용했다. 수많은 금융상품이 생산되어 나왔지만, 그중에서도 보험은 정말로 복잡하다. 오늘날 다양한 첨단 금융상품들이 하루가 멀다 하고 쏟아지고 있지만, 사실 보험만큼 금융공학이 절묘하게 깃들여진 금융상품도 없을 것이다.

보험에는 수학 공식과 인간이 사는 삶의 등식이 퍼즐처럼 얽혀 있다. 인간의 수명, 삶과 죽음의 연계, 경제 현상, 여기에 금융이라는 개념을 배합하면서 그 줄기를 이어간다.

하지만 웬만한 금융 전문가가 아니고는 보험의 까다로운 용어를 알기가 쉽지 않다. 수없이 많은 사람이 다양한 보험상품에 가입하지만 자신이 실제로 무슨 상품에 들고 있고, 언제 어떻게 혜택을 받을 수 있는지 제대로 알고 있는 사람은 드물다.

보험에는 그 복잡한 구조만큼이나 숱한 갈등이 존재한다. 보험회사와 가입자는 끊임없이 충돌하고, 보장의 범위를 놓고 줄다리기를 한다. 법적 소송이 난무하고, 고객들은 이따금 미소를 짓기도 하지만 복잡한 보험의 등식을 이해하지 못한 데서 발생하는 뜻밖의 손실에 직면하기도 한다.

하물며 보험금을 노린 속임수들이 득실거리고, 때로는 보험금을 타기 위해 패륜 행위까지 일어나는 상황을 심심치 않게 목도할 수 있다. 수십억 원의 보험금을 노리고 살인 행위를 벌이다 잡힌 이른바 '계곡 살인' 사건 피의자 이은해와 조현수의 사례는 극단적이지만, 정도를 낮춰 우리 주변을 돌아보면 심심치 않게 이런 사기 행위들을 찾을 수 있다.

심지어 '공부'라면 우리 사회에서 가장 잘했다는 의사들마저 이런 사기 행위의 맨 앞 선에 있다. 의사들이 보험 제도를 악용하는 대표적인 사례가 바로 백내장 수술이다. 평소 두꺼운 안경 때문에 스트레스를 받던 직장인 Y는 49세로, 서울 강남의 한 안과에 갔다가 당혹스러운 답변을 들었다.

라식 수술을 하려던 그에게 의사는 실손 보험을 든 것이 있는지, 들었다면 언제 들었는지부터 묻기 시작했다. 2010년대 초에 들었다는 Y의 답변이 나오자 의사는 대뜸 백내장 수술을 하자고 했다. 백내장이 살짝 있지만 수술할 정도가 전혀 아님에도 이 의사는 '일석삼조, 일석사조'라며 강하게 수술을 권했다.

백내장에 근시와 원시를 동시에 해결할 수 있는 렌즈를 삽입하는 수술을 하자는 것이었다. 수술비용은 700만 원인데 실손 보험을 통해 모두 해결할 수 있다는 친절한 설명도 이어갔다. 고민 끝에 Y는 수술을 하지 않기로 했지만 씁쓸한 마음은 지울 수 없었다.

백내장 수술 건수는 2020년 기준 70만 건에 달하는데, 2위를 기록한 일반 척추 수술 건수의 3배가 넘는다. 통상 백내장은 주로 노화에 의한 것이다. 당연히 백내장 치료 목적의 수술을 받고 보험금을 청구하는 건 문제가 되지 않는다.

문제는 실손 보험 처리가 안 되는 라식/라섹과 같은 시력교정술을 하고 난 뒤에 백내장 수술을 한 것처럼 허위 진단서를 발급받아 보험금을 청구한다는 것이다. 그러다 보니 Y처럼 백내장이 거의 없거나, 아예 없는 눈에 백내장 수술을 해서 실손 보험금을 지급받는 사례까지 나타난다. 오죽하면 금융감독원이 백내장 수술 사기를 제보해 주는 사람에게 병원 1건 기준으로 3,000만 원의 특별 포상금을 주겠다고 나섰을까?

백내장뿐만 아니다. 여성들은 대부분 알고 있는 '맘모톰^{유방}종양절제술'시술은 전신마취나 커다란 피부절개 없이 유방의 종괴腫塊, 혹이 생겨 손으로 만져지는 상태를 조직 검사할 수 있어 많은 사람들이 관심을 갖는 부분이다. 2019년 8월 '신의료 기술 평가'를 통과해 보건복지부로부터 신의료 기술로 인정됐는데 돈벌이에 눈을 뜬 병원들이 이를 이용하기 시작했다. 맘모톰 시술의 최저가격은 9만 원인 데 반해 최고 가격은 3,000만 원이 넘으니 이런 상황이 버젓이 일어나는 의료 체계가 답답하기까지 하다.

위의 두 사례는 그나마 치료의 목적이라지만, 피부 미용처럼 의료 행위가 필요 없는 곳까지 실손 보험의 함정을 노리고 있다니 기가 막힐 노릇이다. 2022년 5월 5일 머니투데이 보도에는 피부과에서 실손 보험 처리가 된다며 미용 시술을 남발하고 있다는 내용이 담겼다. 피부 재생을 도와주는 성분인 '리쥬에이드'와 '키오머3'가 의료기기 허가를 받아 건조증과 아토피 등 치료를 목적으로 할 때 실손 보험이 적용되는데, 피부과에서 해당 시술을 미용 목적으로 권하고 실손 보험을 청구하도록 유도하고 있다는 것이다. 이 시술의 회당 치료비만 20만 원에 이른다.

문제는 과잉진료와 이를 통해 돈을 버는 병원들 때문에 실손 보험에 든 건강한 사람들이 도리어 피해를 보고 있다는 사실이다. 한 보험사의 조사 결과에 따르면 실손 보험금 진료비에 대해 심사평가원에 확인 요청을 한 결과 87%가 부당 청구였다니 '돈의 허점'을 노린 의사들의 부도덕성이 한심할 정도이다.

실손 보험은 이미 3,800만 명이 가입해 국민들에게는 건강보험 못지않은 역할을 하고 있다. 젊을 때는 아픈 곳이 많지 않아 필요성을 덜 느끼지만 나이가 들수록 실손 보험을 들지 않은 것을 후회하는 사람들이 많다. 하지만 이를 노린 병원들의 과도한 의료 행위 때문에 2017년부터 2021년까지 발생한 누적 적자만 10조 원이 넘는다.

2021년 한 해에만 실손 보험 적자가 2조 8,600억 원에 달한다. 보험료를 12% 올렸는데도 적자폭이 3,600억 원 늘었다.

상위 10%의 이용자가 전체 지급액의 60% 가까이를 받는 형국이다.

보험사들은 이러한 사실상의 사기 행위로 인한 손실을 보전하기 위해 계속해서 보험료를 올리고 있다. 그리고 정작 피해는 건강을 유지하면서 꼬박꼬박 보험료를 내는 사람들에게 돌아가고 있다. 어찌 되었든 돈을 벌기 위해 사람의 몸에 가해를 하고, 이 속에서 도덕적 해이 현상이 좀처럼 사라지지 않으니 보험이란 상품 자체에 회의감을 품게 되기도 한다.

상황의 심각함을 뒤늦게나마 알게 된 것일까. 대법원 민사 2부는 2022년 6월 19일 백내장 수술과 관련해 중요한 판결 내용을 발표했다. 그간 백내장 수술은 입원 치료를 전제로 하는 포괄수가제*가 적용돼 실제 진료 내용과 관계없이 입원 치료로 인정돼 과다 진료를 유발해 왔다.

대법원은 환자의 개별 조건을 고려하지 않은 채 백내장 수술을 일괄적으로 입원 치료로 인정해서는 안 된다고 판결했는데 과다 청구와 이를 악용한 병원의 악성 진료 행위가 조금이라도 사라질지는 시간을 두고 지켜볼 일이다. 병원들이 또 어떤 허점을 찾아 영리를 위해 환자를 수술대 위에 세울지 모

---

*   여러 치료 항목을 묶어 진료비를 책정하는 방식

르기 때문이다.

또 하나, 코로나19에 두려움을 떠는 사람들을 향해 보험사들이 행한 상품 마케팅을 보면 장삿속이 참으로 대단하다는 생각을 품게 한다. 코로나가 한창 기승을 부리던 2021년 백신 접종이 시작된 후 보험사들이 우후죽순처럼 판매한 상품이 있다. 바로 '백신 보험'으로 포장된 '아나필락시스 쇼크ana-phylaxis shock 보험'이었다.

'아나필락시스 쇼크'는 음식물이나 독소, 백신 등 특정 외부 항원에 반응해 일어나는 급성 전신성 알레르기 질환을 말한다. 백신 후유증으로 고생한 사람들이 워낙 많다 보니 특히 고령자들을 중심으로 이 상품에 가입한 사람들이 많았다. 1년 1회에 한해 100만 원에서 200만 원의 진단비를 지급하니 나름 인기가 있었다. 12개 보험사에서 판매한 아나필락시스 쇼크 보장보험의 가입 건수만 2022년 3월 말 기준으로 154만 943건이었다.

하지만 정작 아나필락시스 진단으로 보험금을 청구한 사례는 197건에 불과했다. 가입 건수 기준으로 0.013%, 1만 건 중 1.3건 수준에 그친 셈이다. 더욱이 보험금 지급 건수는 이보다 낮은 0.01%[161건], 그러니까 1만 건 중 1건 정도인 셈이다.

포장과 달리 이렇게 보험금이 지급된 이유는 보험사들의 장삿속 때문이었다. 말이 '백신 보험'이지 발생률이 낮은 아나필락시스에 대해서만 보장할 뿐이었다. 정작 흔한 백신 부작용인 근육통, 두통, 혈전 등에 대한 보장 사항은 없었다. 이런 판이니 금융감독원이 관련 상품에 관한 주의를 당부하는 자료를 내놓을 정도였다.

실제로 질병관리청의 발표에 따르면 2021년 2월 26일부터 2022년 3월 29일까지 코로나19 예방접종 후 아나필락시스 의심 사례는 모두 2,396건으로 전체 예방접종 6,256만여 건의 0.0038%에 불과하다. 그나마 백신과의 인과성이 인정된 사례는 871건 0.0014%에 불과하고, 나머지는 아나필락시스 가능성이 낮거나 판정이 불가능했다.

보험은
산타클로스가 아니다
I

보험이 금융공학의 극치라고 하지만 보험에 관한 지식을 제대로 갖추지 못한 사람들도 그나마 보편적으로 알고 있는 몇 가지가 있다. 그중 하나는 보험은 가입 후에 일찍 해약할수록 손해라는 것이다. 실제로 보험은 만기 이전에 해약하면 십중 팔구 손해를 보기 마련이다. 보험사가 가입 상품을 토대로 만든 약관 대출이라는 것이 엄청나게 높은 이율에도 인기를 끄는 것도 이 때문이다.

하지만 이 같은 논리에도 허점이 있다. 보험은 한 번 가입한 이후에는 오래 들고 있을수록 무조건 이득이라는 논리, 다시 말해 보험금의 납입 횟수가 많을수록 환급률이 높아지는 게 반드시 옳은 것만은 아니라는 사실이다.

실제로 보험 가입 기간이 길더라도 환급률, 즉 보험 해지 때 납입액 가운데 돌려받는 환급액의 비율이 낮아지는 경우가 흔하다. 오히려 무조건 가입 기간이 길다고 환급률도 높다고 생각한 사람들은 낭패를 볼 수 있다.

과거 금융감독원 자료에는 이런 사실이 그대로 포함되어 있다. 이를 보면 가입 기간에 따라 환급률이 반드시 비례하지는 않음이 여실히 드러난다. 당시 해약 현황을 파악한 결과 가입 기간 3년 이상~4년 미만인 종신보험의 평균 환급률은 48.9%였지만, 4년 이상~5년 미만은 45.4%였다. 가입 기간은 1년이 더 지났지만, 보험의 환급률은 오히려 3.5%가 더 낮아진 것이다.

또 7년 이상~8년 미만의 해약 환급률은 67.9%인데, 8년 이상~9년 미만의 환급률은 67%, 9년 이상~10년 미만의 환급률은 63.6%, 10년 이상~15년 미만의 환급률은 61.2%로 가입 기간이 길수록 환급률이 낮아진 것으로 나타났다. 이런 현상은 이전 5개월 동안을 살펴봤을 때도 크게 다르지 않았다.

왜 이런 상황이 발생한 것일까? 금융감독원에 따르면 보험 가입 기간이 길면 환급률이 높아지는 게 통상적이지만, 암 특약 등 순수 보장성 특약에 따라 환급률이 떨어질 수도 있다. 순수 보장성 특약은 질병이나 사고 등에 대해 치료비 등을 보장해 주는 대신 시간이 갈수록 환급액은 줄어들고 만기가 되면 소멸한다. 순수 보장성 특약에 따른 보험 납입액 비중이 클수록 이러한 현상은 더 뚜렷해질 수 있다.

결국 보험 가입자들로서는 가입 기간과 환급률이 비례하는 것으로만 알고 있다가는 큰코다칠 수 있다는 것이다. 보험을 해지하려고 결심했다면 그 이전에 사전 확인이 필요하다는 결론이 나온다.

바로 이런 문제 때문에 이른바 생명보험 전매제도를 도입하자는 주장이 나오기도 했다. 아파트 분양권처럼 보험 가입자가 자신의 보험 가입 계약을 다른 사람에게 그대로 이전하는 것이다. 전매제도를 도입하면 가입자가 크게 손해를 보지 않고 다른 사람에게 보험을 팔아 현금을 사용할 수 있다는 얘기이다.

보험을 오래 들고 있을수록 환급률이 무조건 높아진다고 생각하는 논리엔 분명히 허점이 있다. 돈이 없어 미래를 위해 적립해 놓은 보험을 손해 보면서 해약하는 것도 억울한데, 잘못된 상식으로 그 손실이 더 커진다면 서글픈 마음이 절로 들 것이다.

이른바 '기간의 실수'는 보험에서 피해야 할 중요한 원칙이다. 기간으로 만들어지는 보험의 함정은 또 있는데, 바로 만기 환급금의 논리에서 발생하는 구멍이다. 보험에는 만기 환급형 보험상품과 소멸성 보험상품이 있다. 일반적으로 보장성 보험이라고 하면 소멸성 보험이 대부분이지만 만기에 자신이 부은 돈을 환급해 주는 상품도 적지 않다.

만기 환급형이란 말 그대로 생명보험이나 손해보험에 가입해 가입자가 보험 만기까지 살아 있으면 보험사가 이미 낸 보험료의 전부, 또는 일부를 계약자에게 돌려주는 것을 말한다. 하지만 만기 환급형에는 반드시 살펴봐야 할 점이 있는데, 이를 제대로 아는 사람은 드물다.

유명 대기업에 10년째 다니고 있는 H의 경우를 보자. 그는 최근 20년 납에 80세 보장이고 보험료가 6만 원인 100% 만기 환급형 보험에 가입했다. 평소 보험상품을 싫어했지만, 그래도 하나쯤은 드는 게 낫지 않겠느냐는 주변의 권고가 있던 데다가 만기에 자신이 낸 돈을 돌려준다고 하기에 선뜻 응했다.

H는 보험에 가입하면서 나름대로 계산을 해보았다. 20년간 6만 원씩 보험료를 냈으니 1,444만 원을 돌려받을 수 있을 것이라는 결론이 나왔다. 물가 오름세를 생각하지 않더라도,

이 정도면 푼돈을 모은 것치고는 괜찮아 보였다.

하지만 그의 셈법은 틀렸다. 만기 환급형은 기본적으로 가입자가 보험료를 내야 할 때 보험료의 구성이 어떻게 되어 있느냐를 따져봐야 한다. H가 내는 6만 원 가운데 보장성 보험료와 기본 보험료, 적립 보험료 등 보험료 구성을 살펴봐야 한다는 것이다.

그의 상품은 기본 보험료 16,000원에 적립 보험료가 4,000원, 특약 보험료를 포함한 보장성 보험료가 4만 원으로 되어 있었다. 불행하게도 그가 낸 보장성 보험료는 만기 환급 시에 돌려받을 수가 없다. 보장성 보험료는 말 그대로 보장을 위해 구성된 보험료여서 위험 보장 기간이 끝나면 소멸하기 때문이다. 결국 H는 기본 보험료와 적립 보험료에 대해서만 만기 환급을 받을 수 있는 셈이다.

일반적으로 통합보험과 같은 실손의료보험은 20년 동안 보험료를 납입한 후에도 5년 납 자동갱신상해 입원, 통원 · 질병 입원, 통원하는 부분의 경우에는 80세까지 더 내야 하는데, 이때 쌓이는 적립 보험료는 보험료 상승이 없다면 80세 보장 만기 이후에 돌려받을 수 있다. 다만 갱신 때마다 보험료 상승은 불가피해 갱신 보험료는 적립 보험료에서 대체 납입되는 게 일반적이다. 이 때문에 적립 보험료를 적절히 활용해야 추가 납입을 막을 수 있다.

결국 이런 점을 종합적으로 고려해서 실제로 만기 환급금으로 돌려받을 수 있는 금액은 기본 보험료에 불과하다는 것을 염두에 두어야 한다. H의 경우 결국 만기 환급금으로 돌려받는 금액이 불과 384만 원에 그친다는 사실이다.

그렇다면 만기 환급률을 높이려면 어떻게 해야 할까? 답은 참 무색하게도, H가 내야 할 보험료가 더 많아져야 한다는 것이다. 실손 보험은 5년 갱신 시에 오르는 보험료만큼 지속적으로 내야 만기 환급을 다 받을 수 있다. 만기 환급률을 높이기보다는 그 비용을 다른 투자 상품에 투자하는 것이 현명하다는 얘기이다. 가입 안내서에서 확인한 예상 만기 환급금을 봤다면, 그것은 단지 예상 수치에 불과하므로 100% 신뢰해서는 안 된다.

보험사가 가입자에게 선물처럼 주는 돈에도 함정이 있다. 만기 환급금에서 발생하는 것인데, 보험에 가입한 사람들은 장수축하금이나 생활보장금 등을 들어본 적이 있을 것이다. 이는 납입 만기 이후 보장 기간 사이에 지급하는 돈이다. 웬 공돈을 주느냐고 보험사에 꾸벅 절이라도 하고 싶을 것이다. 하지만 결론부터 말하면, 되도록이면 안 받고 안 찾는 게 좋다. 보험사가 별도로 주는 돈이 아니라 만기 환급금에서 받을 돈을 선지급하는 것이기 때문이다.

최근에는 사망 보험금에서 생활비 등을 선지급하거나 CI^치

^{명적 질병} 보험 등에서 치명적인 질병에 걸렸다면 해당 질병 치료를 위해 보험금을 선지급하는 상품들도 나오고 있다. 이 경우에도 나중에 사망 보험금 등 받을 수 있는 보험금이 줄어든다는 점을 고려해야 한다.

모든 금융상품이 그렇지만 만사에 공짜는 없다. 하물며 크리스마스이브에 산타 할아버지가 몰래 선물을 가져다주듯이 금융회사가 자신도 모르게 공짜 돈을 안겨줄 것으로 생각한다면 참으로 순진하기 짝이 없는 생각이다.

보험 쇼핑시대의
허실
|

보험이 참으로 복잡한 물건인 만큼 사람들은 가입 절차에 따른 까다로움 때문에라도 보험 찾기를 미룬다. 보험설계사들이 온갖 감언이설로 가입을 채근하다가도 가입자의 몸에 조금의 흠이라도 발견될라 치면 가입 대상이 안 된다는 답이 오기 십상이다.

금융회사가 무슨 사람 차별하느냐고 하지만, 보험은 정말로 가입자를 철저히 구분한다. 보험이라는 금융의 구조가 인간의 삶에 축복의 산물이라고 생각되다가도 이런 광경을 보면 정이 뚝 떨어진다.

금융이 사람의 심리를 교묘하게 이용하듯이 보험 역시 상품의 구조를 이용하면서 정교하게 유혹한다. 때로는 보험상품에 접근이 상대적으로 쉽지 않은 사람들을 틈새시장 공략하듯이 유인한다. 금융회사는 어떻게 해서든 돈이 될 수 있는 것을 찾아 나선다. 보험회사도 엄연히 금융회사이기 때문에 돈이 될 수만 있다면 어떻게든 장사 밑천으로 여기는 것이 그들의 속성이다.

이른바 '묻지 마 보험'이라는 게 있다. '묻지 마 보험'에 대한 위험성은 워낙 여기저기서 쏟아져 나와 이제는 지겨울 정도가 되었다. '묻지 마 보험'에 대해 이처럼 곳곳에서 문제를 지적해도 여전히 여기에 유인을 당하는 사람이 있다. 답답하면서도 한편으로는 안타깝기까지 하다.

올해로 66세인 R은 몇 년 전 텔레비전을 보다가 광고를 통해 알게 된 어느 보험사의 실버보험에 가입했다. 나이가 많아 보험사가 받아주겠나 싶기도 하고, '얼마나 살겠다고' 하는 마음으로 살아오다가 보험 가입이라는 큰 숙제를 마친 기분이었다. 그 나이에 보험에 가입할 수 있다는 자체를 축복으로 여길 정도로 행복했다.

그렇게 어렵사리 보험에 가입했는데, 먹고 살기 위해 고령의 몸으로 일을 하다가 작업 도중 그만 척추를 다치고 말았다.

골절 사고에 대한 이 상품의 보장액은 1,500만 원이었다. '역시 보험에 들기를 잘했어!' 하며, R은 보험의 혜택으로 치료비 걱정은 하지 않아도 될 것으로 굳게 믿었다. 하지만 보험사는 수술비는 지급하지 않고, 보장액의 12%인 180만 원만 준다고 했다.

모두가 그렇지는 않지만, 다양한 실버보험상품들은 현란한 광고 수법으로 나이 든 사람들을 유혹한다. 하나같이 유명 연예인을 등장시키며 말이다.

A보험사가 유명 연예인을 등장시켜 내세우는 실버보험은 최고 80세 후반까지 사망보험금 1,000만 원을 준다고 홍보한다. 하지만 상품을 자세히 뜯어보면 작고 흐릿한 글씨로 '가입 후 만 2년 이내 사망 시는 원금'이라는 말이 적혀 있다. 결국 2년 이내에 질병으로 사망하면 이자조차 없는 원금만 준다는 부대조건이 깔린 것이다.

이것만이 아니다. 이 상품엔 설명서에도 적혀 있지 않은 조건이 또 하나 있다. 바로 '7년 이후 사망하는 경우'에는 혜택이 돌아가지 않는다는 점이다. 깨알 같은 글씨로 200페이지가 넘는 약관에만 적혀 있는 '7년'이라는 조건을 제대로 읽어볼 사람은 거의 없을 것이다.

결국 이 상품은 2~7년 사이인 5년 안에 사망해야만 보험금을 받을 수 있다는 결론이 나온다. 추가로 보장을 받으려면 별도의 특약에 가입해야 한다. 가입 시 묻지도 따지지도 않는다는 값싼 보험상품 대부분이 이처럼 보장 내용 범위가 터무니없이 좁은 것이다.

B보험사의 종신보험은 납입 보험료에 300만 원을 더해주는 상품으로 고객들을 유인한다. 하지만 상품의 구조를 찬찬히 뜯어보면, 2~5년 이내에 죽게 되면 이득이지만 5년을 넘기고 죽으면 어지간한 은행 적금 이자보다도 못할 수 있다. 이 또한 2년 이내에 질병으로 죽으면 이자 없이 원금만 돌려준다.

실버보험은 여러 가지 장점이 있지만 이처럼 보험료 등 주의할 대목이 있다. 금융감독원도 지난 2008년 '실버보험 계약자 유의사항'이라는 자료를 내고 보험 소비자들의 현명한 선택을 당부하기도 했다.

실버보험은 다른 보험상품과 마찬가지로 '주보험+선택 특약'의 구조로 되어 있다. 주보험은 사망 시 보험금을 주는 것인데, 광고에 흔히 등장하는 노인성 질환^{당뇨병} 등이나 노인성 상해^{골절} 등는 대부분 선택 특약 사항에 속해 주 계약 외에 추가 보험료를 내야 한다. 일종의 미끼용 보장인 셈이다.

결국 광고에 나오는 '싼 보험료'는 주 계약^{사망 보장}에만 해당한다. 실제 C보험사의 ○○부모님 보험은 '주 계약 기준, 60세 남자, 월 22,390원'이라고 광고하지만 7대 질병 및 입원 등 특약을 모두 넣으면 보험료가 53,900원으로 뛴다.

실버보험 가운데는 질병 여부를 묻지 않는 등 심사 절차 없이 보험을 받아주는 '무無심사 보험'도 있지만, 이는 일정 수준예컨대 3,000만 원 이하의 사망 보험금만 지급하는 경우가 태반이다. 더욱이 누구라도 보험에 가입할 수 있지만, 일반 정기종신보험보다 보험료 수준이 2~3배 높다.

실버보험은 무엇보다 부모를 대신해서 자식이 가입할 때도 계약 전에 부모가 직접 방문한 설계사에게 과거 병력 등 청약서에 나오는 질문을 정확히 알려줘야 한다. 허위 또는 부실하게 알릴 경우 보험금이 나오지 않을 수 있으니 자녀가 옆에서 잘 도와줘야 한다. 무심사 보험과는 달리 건강진단 절차만 생략한 '무진단 보험'도 일반 보험과 마찬가지로 알릴 의무가 있어 과거 병력 등을 잘 말해줘야 한다.

실버보험이 피보험자부모님의 사망을 보장할 때에는 청약서에 반드시 부모님 자필 서명이 필요하므로 부모 동의 없이 가입할 수는 없다. 치매 특약에 가입해 있어도 질병에 의한 치매에 한정되어 사고에 의한 치매는 보장되지 않을 수도 있다.

보장을 둘러싼 이런 함정들보다 더욱 중요한 것은 바로 보험사의 재무 상태이다. 무심사 보험은 당장 보험사의 외형적인 성장에는 도움이 되지만 보험사가 부실해질 경우 그 위험을 가입자들이 고스란히 떠안을 수 있다. 결국 가입할 때는 상품의 달콤한 측면만 보지 말고 회사의 재무 상황이나 경영 상태도 꼼꼼히 따져봐야 한다. 2022년 들어 금리가 급격하게 오르며 보험사들의 채권 평가 손실이 커지고 지급여력비율RBC*이 급격하게 떨어지고 있어 더욱 주의가 요구된다. 2022년 상반기 기준으로 5개 보험사의 지급여력비율이 당국이 요구하는 기준치 아래로 떨어졌다. 하지만 일반인들이 보험사의 재무 구조를 따져서 가입한다는 게 어디 그리 말처럼 쉬운 일인가?

물론 이런 모든 것에 우선한 한 가지는 바로 약관을 꼼꼼히 읽어보는 습관을 들이는 것이다. 묻지 마 보험의 가장 큰 특징은 사람들의 약한 곳을 파고드는 것이므로 거기엔 그만큼 덫이 많다. 결국 보험회사를 포함해서 금융회사들이 만들어 놓은 함정에서 벗어나고, 그들이 짜놓은 설계 시스템을 역으로 이용하는 길은 그들의 기만전술을 스스로 터득하는 것이다. 다시 한 번 말하지만, 금융에는 공짜가 없다.

---

* Risk Based Capital, 보험회사의 다양한 리스크를 파악하여 이에 적합한 자기자본을 보유하게 함으로써 보험회사의 재무건전성을 높이고 미래의 불확실성에 대비하는 건전성 규제

보험료의
비밀

|

기업이란 간판을 달고 있는 곳은 모두 마찬가지겠지만, 보험 회사 역시 감추고 싶은 중요한 비밀이 있을 것이다. 사실 알고 보면 대단한 것은 아니고 보험에 가입해 봤거나 최소한 흥미를 가진 사람이라면 한 번쯤 의문을 품어보았을 만한 것이다.

그들에게 주는 수당이 한두 푼도 아닐 텐데 주변에 그렇게 많은 보험설계사들을 어떻게 꾸려나가는지, 그렇다면 자기가 내는 보험료에 거품이 끼어 있는 것은 아닌지 말이다. 이를 알기 위해서는 우리가 내는 보험료가 대체 어떻게 구성되어 있는지부터 들여다볼 필요가 있다.

보험료는 통상 예정위험률과 예정이율, 예정사업비율 등 세 가지가 더해져서 구성된다. 생명보험을 예로 들면, 예정위험률이란 사망이나 사고의 확률을 고려하는 것이라고 보면 된다. 가령 가입자 수가 10명이고 20년간 보장을 해주는 상품이 있다고 할 때, 사망 보험금이 1,000만 원이고 1년에 2명씩 죽는다고 치자. 이 경우 1년에 나가는 보험금은 2,000만 원이고 가입자들은 최소 1년에 200만 원은 내야 한다.

물론 이것만 필요한 것은 아니다. 만기 때까지 죽지 않았다면 예정이율^{예금으로 따지면 금리}에 맞게 내가 낸 보험료 중 보험사

운영을 위해 지출되는 비용에 맞춰 만기 시 환급금을 받게 된다.

여기에 마케팅비 같은 부분도 필요한데, 특히 중요한 것이 사업비다. 사업비는 한 마디로 내가 낸 보험료 가운데 보험사의 운영을 위해 지출되는 비용이다. 바로 여기에 덫이 깔려 있다. 이 비용은 지금까지 보험 가입을 설득한 설계사도, 보험료를 운용하는 보험사도 정확한 금액을 알려주지 않아 가입자만 속앓이를 해왔다.

사업비는 설계사 수당으로 지급되는 신계약비와 보험계약 유지 및 관리에 소요되는 유지비, 보험료 수금을 위한 수금비 등으로 이뤄진다. 보험사들은 마케팅 등의 목적으로 사업비를 엄청나게 남기는데, 현재 보험료 중 사업비의 비중은 20~30%에 달한다. 간단히 말하자면 10만 원의 보험료를 내면 그중 2~3만 원은 보험에 쓰이지 않고 보험사 주머니로 들어간다는 얘기이다. 보험사는 이 돈으로 마케팅과 광고를 하고, 설계사 수당을 지급한다.

한 대형 보험사의 경우를 보자. 40세 남성이 월납 보험료 21~23만 원의 종신보험에 가입할 때 매월 거둬들이는 사업비가 58,000원에 달했다. 무려 25.5%, 즉 가입자가 낸 돈의 4분의 1이 보험사를 먹여 살리는 데 쓰인다. 고객 입장에서는 얼마나 황당한 얘기인가? 10만 원을 내는데 2~3만 원은 자신의 생명을 위한 보장에 전혀 쓰이지 않고 보험사 직원들을 먹여 살리는 데 쓰이는 것이다.

문제는 사업비가 이렇게 많이 들어가는 만큼 보험의 보장 항목은 부실해지기 쉽다는 점이다. 보험사의 광고 등을 위해 그렇게 많은 돈을 쓰는데 가입자를 위한 보장은 당연히 소홀해질 수밖에 없다. 고객을 끌어들이기 위해 광고하는 돈을 보장에 쓰면 얼마나 좋겠는가.

하지만 사업비뿐만이 아니다. 보험사들은 사망률이 낮아지는데도 예정위험률을 높이는 방식으로 매년 1조 원 이상의 차익을 거둬왔다. 방식은 간단하다. 예를 들어 평균수명이 늘어 특정 기간 내에 죽는 사람은 줄어드는데 위험률은 반대로 높이는 것이다. 일반적으로는 말도 안 되는 얘기지만, 보험사들은 보험료의 산출 방식이 너무 복잡하고 영업 비밀이라며 이 같은 내용을 공개하지 않고 있다. 결국 그 사이에 고객들은 덤터기를 쓰고 있는 셈이다.

이 때문에 발품을 파는 사람들은 대형 보험사 대신 차라리 신용협동조합이나 새마을금고, 우체국의 보험공제 상품이 더 좋다는 분석을 하기도 한다. 이들은 조합원들의 복지 증진을 목표로 하기 때문에 사업비를 거의 쓰지 않는다. 아마 온종일 텔레비전 앞에 있어도 이들이 내놓는 보험 광고를 보기는 어려울 것이다. 그만큼 보험료가 싸며 보장 내용도 알차다.

시중의 유명 은행이나 증권사가 고객 모두에게 영구히 이득을 보장하는 멋진 펀드만 취급하는 게 아니듯이 보험도 규모가 크고 광고를 많이 하는 회사라고 해서 가입자를 최우선으로 생각하지는 않는다.

소비
현명한 소비를 위하여

신용카드는 너무나 많은 현대인을 비틀린 삶으로 유인한다. 그렇게 우리는 카드회사가 만들어 내는 마법의 상술 속에서 영혼에 상처를 입기도 한다. 하지만 카드회사는 아랑곳하지 않고 끊임없이 소비 욕구를 자극한다. 카드회사가 뿜어대는 다양한 상술은 사람들의 소비 심리를 마약에 취한 것처럼 만든다.

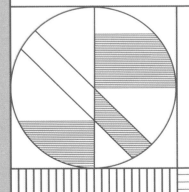

지갑 속의
카드 마술사

카드 속에 숨어 있는
악마의 손길

|

신용카드는 참 신기한 물건이다. 순수하게 돈의 퍼즐로만 따
진다면, 신용카드는 없는 돈을 있게 만드는 마술 같은 존재이
다. 지갑 속에 꽂힌 사각형의 작은 플라스틱을 통해 원하는 물
건을 몇 개월 동안 나눠서 살 수 있다. 때로는 그것을 기계 속
에 넣어 순식간에 몇십만 원을 뽑을 수도 있다. 뿐인가, 디지
털의 진화와 함께 휴대폰 하나만 있으면 '페이'라는 이름으로

너무나 쉽게 결제를 할 수 있다. '플라스틱 카드'라는 별칭이 오히려 구닥다리처럼 느껴지는 세상이다.

어찌 됐든 신용카드는 현대인의 삶을 몇 배 더 탐스럽게 만든 '해피머니'임에 틀림없다. 하지만 그 실상을 들여다보면 카드는 너무나 많은 현대인을 비틀린 삶으로 유인한다. 많은 사람이 카드가 만들어 내는 정교한 수학의 함정에 빠져 허우적대고 있다.

때로는 카드회사가 만들어 내는 마법의 상술 속에서 영혼에 상처를 입기도 한다. 카드회사는 사람들의 이런 마음을 아랑곳하지 않고 끊임없이 소비 욕구를 자극한다. 카드회사가 뿜어대는 다양한 상술은 사람들의 소비 심리를 마약에 취한 것처럼 만든다.

신용카드는 애초부터 결제를 늦춤으로써 지갑에서 돈이 나가는 것을 잊어버리도록 설계되어 있다. 사람들은 이렇게 설계된 장난감을 가지고 마치 마술 카드처럼 마구 긁어댄다. 사람들은 이 과정에서 자신이 가진 돈이 얼마인지에 대한 개념을 까맣게 잊어버리곤 한다. 신용카드가 만들어 낸 '가불 문화' 속에서 금전에 무감각해지는 최면에 걸리는 것이다.

경제학 용어로만 따져볼 때 카드는 제법 쓸모 있는 물건이다. 신용을 창출하고, 이를 통해 경제의 외적 규모를 확장하는데 혁혁한 공로를 세운다. 소비가 생산을 대체하면서 자본주의의 발전을 한 단계 끌어올렸듯이, 카드는 소비를 통해 현대 자본주의의 팽창을 돕고 있다. 많은 사람이 역사상 최고의 발명품으로 자동차나 텔레비전 등을 꼽지만, 실상 자본주의 사회를 진화시킨 최고의 발명품은 신용카드가 아닌가 싶다.

신용카드라는 용어가 생겨난 지는 벌써 130년도 더 지났다. 1888년에 미국의 소설가 에드워드 벨라미Edward Bellamy가 《뒤를 돌아보면서Looking backward》라는 책을 통해 '크레디트 카드credit card'라는 단어를 처음 만들어 낸 것이다. 그는 이 책에서 화폐 없이도 모든 생활필수품을 구매하고 소비할 수 있는 지급 결제 수단을 설명하면서 신용카드라는 용어를 처음 사용했다.

6년 정도가 흐른 1894년에는 미국의 호텔 크레디트 레터 컴퍼니가 원시 개념의 신용카드를 개발해서 사용하기 시작했다. 이어서 20세기 초반에는 작은 호텔과 상점, 철도회사 등이 매월 신용으로 결제할 수 있도록 하는 쇼퍼 플레이트shopper plates라 불리는 코인이나 토큰을 발행하게 된다. 신용카드는 이렇게 초기의 모형을 갖추어 나갔다.

신용카드가 본격적으로 현대적인 모습으로 진화한 것은 20세기 중반으로 들어서면서부터이다. 1950년 프랭크 맥나마라Frank Mcnamara라는 미국의 사업가가 뉴욕의 한 레스토랑에서 저녁식사를 마친 뒤에 계산을 하려다가 곤란한 상황을 맞게 되었다. 호텔에 지갑을 두고 온 것이다.

낭패감이 컸던 탓일까? 그는 후에 친구들에게 그때의 일을 말하던 끝에 돈을 직접 갖고 다니지 않아도 결제를 대신할 수 있는 수단을 만들기로 했다. 그리고 친구 랄프 슈나이더Ralph Schneider의 도움을 받아 카드를 만드는 데 성공했다.

저녁식사에서 낭패를 당했던 경험 때문인지, 그는 회사의 명칭을 저녁식사diners와 동료 또는 회원club이란 의미를 더한 '다이너스클럽Diners Club'으로 정했다. 세계 최초의 신용카드 회사는 이렇게 만들어졌다.

우리나라에서의 신용카드는 이보다 30년 가까이 흐른 뒤에 모습을 드러냈다. 1969년 7월 신세계 백화점이 고객 카드를 발급하면서 신용카드가 처음 도입되었고, 이후 외환은행이 비자Visa와 제휴해서 해외여행자들을 대상으로 신용카드를 발급했다. 그리고 지금은 신용카드 발급 수가 1억 장을 넘어서면서 경제 활동 인구 1인당 4장의 신용카드를 갖고 있을 정도가 되었다.

신용카드를 잃어버리는 것은 곧 자신의 현금 계좌에 뿌리를 틀고 있는 중요한 한 축을 상실하게 된다는 걸 의미한다. 한밤중에 카드를 잃어버리고 두근거리는 가슴으로 급하게 분실신고를 하는 모습은 현대인이 스스로 만들어 낸 정밀한 창조물의 포로가 되어 있음을 뜻한다. 카드는 현대인의 생활필수품이자 인간의 몸을 옥죄고 있는 괴물이 되었다.

카드 마케팅의
은밀한 유혹

|

국어사전에 등장하는 신용카드는 상품이나 서비스의 대금 지급을 은행이 보증해 일정 기간 뒤에 지급할 수 있도록 하는, 즉 신용판매제도에 이용되는 카드를 말한다. 그 기본 바탕에는 이름처럼 '신용'이라는 말이 뼈대를 이룬다.

그렇다면 신용카드는 많은 사람에게 정직함과 신뢰를 갖게 하는 도구일까? 불행하게도 현실에 등장하는 모습은 그렇지 못하다. 카드회사들의 장삿속을 들여다보면 그들을 마냥 정직하다고 하기에는 무리라는 생각이 들 때가 많다.

카드회사들이 내보내는 각종 광고를 보면 돈을 쓸수록 많은 선물을 받을 것 같은 착각을 하기 십상이다. 카드를 많이 사용할수록 '착한 소비자'로 대접받을 수 있을 것 같다. 카드회사가 주는 온갖 부가서비스와 포인트 혜택을 보면 카드란 많이 쓸수록 득이 된다는 생각을 갖게 한다.

여기에 정부까지 나서서 카드를 쓴 만큼 연말정산에서 소득공제를 해주고 있으니 '카드 사용을 권하는 사회'라 해도 지나치지 않는다. 하지만 금융상품들이 정교한 기술을 통해 이윤을 창출하듯이, 신용카드 또한 카드회사가 고안해 내는 기묘한 방정식으로 소비자들이 지갑을 열도록 유혹한다. 그들의 영업 전략을 찬찬히 뜯어보면 쓴웃음이 나오는 일이 한둘이 아니다.

대형 A카드회사의 영업 행태를 보자. 이 카드회사가 내놓은 이른바 '데이day 마케팅'은 한때 상당한 고객몰이를 했다. 이 카드회사가 고객을 끌어들이기 위해 택한 방법은 요일에 따라 기름값과 레스토랑, 책값까지 다양한 할인 혜택을 주는 것이었다.

할인의 종류와 방식들을 보면 거울을 이용해서 갖가지 색채 무늬를 볼 수 있도록 고안된 만화경이 떠오른다. 하지만 여기에 소비자들은 쉽게 알 수 없는 덫이 깔려 있다. 당장 카드회사는 요일별 할인 혜택을 신기할 정도로 잘 짜 맞춰서 구성했다. 카드회사가 지정한 요일별 혜택을 이용하려면 자신의 생활 패턴을 그들이 짜놓은 마케팅 퍼즐 속에 정확히 집어넣어야 한다. 책은 월요일에 사야 하고, 영화는 목요일에 봐야 하며, 패밀리 레스토랑으로 가서 외식을 하려면 화요일에 맞춰야 하는 식이다.

이렇게 생활패턴을 맞추기도 힘들지만, 더욱 흥미로운 점은 요일과 그에 맞춘 혜택이 이상하게 잘 맞지 않는다는 점이다. 그도 그럴 것이 카드회사가 내놓은 요일별 혜택을 대다수 사람의 삶의 패턴과 비교하면 고개를 갸우뚱거리게 된다.

먼저 책을 살펴보자. 대다수 사람은 금요일이나 주말을 이용해서 서점에 간다. 월요병이란 말이 따로 있을 정도로 많은 사람들은 휴일을 쉬고 나서는 피로증후군을 느낀다. 월요일 근무를 하고 나면 일찍 들어가서 쉬든지, 직장 동료끼리 술 한 잔을 곁들이고 싶어 한다. 머리도 아픈데 월요일부터 서점을 찾는 사람은 그리 많지 않다는 얘기다. 대부분의 신문이 책 소개 지면을 금요일이나 토요일에 싣는 것도 이 때문이다.

영화 역시 마찬가지다. 술 마시는 날을 목요일로 맞추는 사람은 많아도 할인 혜택을 받으려고 목요일에 영화를 보러 가는 사람은 그리 많지 않다. 결국 이를 뒤집어 보면, 이는 모두 카드회사들이 만들어 낸 기묘한 방정식이라는 생각이 든다. 아마도 그들은 사람들의 요일별 구매 패턴을 꼼꼼히 조사하고 이러한 퍼즐을 구성했을 것이다.

상대적으로 이용 빈도가 낮은 서비스 종류를 해당 요일에 맞추기 위해 얼마나 노력했을지 궁금할 정도이다. 자신들이 내미는 요일별 혜택을 사람들이 해당 활동을 가장 많이 하는 요일에 제대로 맞춘다면 득이 될 게 없다는 것을 아는 것이다. 교묘하게 소비의 혜택을 최소화해서 소비자들의 혜택 이용도를 줄이는 전략을 구사하는 셈이다.

카드회사들이 내놓는 할인율에도 석연치 않은 점이 있다. 이러한 할인의 수치를 맹신하는 사람이 있다면, 그는 카드회사들이 만든 수학의 덫에 제대로 걸려든 착한 소비자이다. 그들이 내건 할인율이 15%라고 가정해 보자. 일단 할인받을 수 있는 이용횟수엔 제한이 없지만, 카드회사들은 다음 단계에서 함정을 파 놓았다. 최대 할인 금액에 상한선을 설정해 놓은 것이다. 회당 몇천 원, 또는 월간 최대 몇만 원 등을 최고 할인액으로 정해놓는다.

결국 소비자들이 할인받을 수 있는 한도는 건당 15%가 아니라 평균 몇천 원 정도에 그친다는 결론이 나오고, 카드회사들이 만드는 마케팅 기술을 제대로 이용하는 것은 웬만한 머리를 갖지 않고서는 힘들다는 결론이 나온다. 소비자들에게 치밀한 소비행동이 요구되는 것이다.

하지만 현실 속에서 카드를 사용하는 사람들이 과연 그럴까? 카드라는 물건은 기본적으로 소비행동에서 사용이 최대한 쉽도록 고안된 것이다. '긁는 데' 익숙한 소비자들에게 정교한 소비행동까지 요구하는 것은 무리이다.

카드회사들 말로는 자기네가 선의로 고객을 위해 다양한 유인과 혜택을 부여한다고 하지만, 그 대부분은 빛 좋은 개살구에 그칠 수 있다. 그들이 깔아놓은 덫에 빠지지 않는 방법은 소비자 스스로가 똑똑해지는 수밖에 없다.

선포인트 제도를
아시나요?

|

데이 마케팅은 수많은 마케팅 수단의 한 단면일 뿐이다. 고객의 지갑을 열기 위해 현란한 방법들이 동원되고, 여기에 소비자들은 꼼짝없이 당한다. 많은 사람이 애용하는 이른바 '선先포인트 제도'만 해도 그렇다.

선포인트는 요즘에는 워낙 많은 사람들이 이용하고 있지만, 굳이 개념을 말하자면 다음과 같다. 카드로 물건을 구매할 때 미리 특정 부분만큼 할인을 받고, 이후 카드 결제 과정에서 쌓이는 포인트로 매달 할인액만큼을 갚아나가는 것이다.

원래 선포인트 제도는 '선할인 서비스'라는 용어로 사용되다가 2007년에 금융감독원에 의해 오해의 소지가 있다며 명칭이 변경되었다. 결제 당시의 할인 금액은 상품이나 카드회사별로 다르지만 대략 30~70만 원 정도에 이른다.

최근에는 선포인트 마케팅의 대상도 전방위로 넓어지고 있다. 특히 결혼 예정 커플을 위한 판촉에서 이 같은 마케팅 기법은 매력적이다. 젊은 층이어서 다양한 할인 혜택에 관심을 보이는 데다가 혼수 비용을 한 푼이라도 절약하려는 심리를 절묘하게 파고드는 것이다.

A카드는 한때 혼수 관계 상품을 구매하면 최대 120만 원까

지 할인 혜택을 주는 패밀리 세이브 서비스를 시행했다. 가전제품, 가구, 여행상품, 웨딩패키지, 청첩장 등 결혼과 관련 있는 것들이 모두 담겨 있었다.

카드회사 측은 최장 60개월 동안 매월 카드 사용 금액의 0.8~5%씩 적립되는 포인트로 갚아나가도록 상품을 설계했다. 초기 비용을 한 푼이라도 적게 하는 제도의 매력이 적중한 것일까? 사람들이 얼마나 이 제도를 좋아했는지, 2003년에 처음 도입된 지 불과 6년여 만에 한 해 이용액이 1조 원을 넘어섰다.

심지어 몇 년 전부터 A가전회사는 TV 등을 살 때 소비자들이 가격에 부담스러워하는 것과 부모님의 장례를 준비해야 한다는 심리적 부담을 이용해서 상조회사와 연결한 선포인트 제도를 만들어 인기를 모으기도 했다.

하지만 선포인트에는 카드가 가진 함정에서도 가장 핵심적인 부분이 깃들어 있다. 카드의 본질은 기본적으로 '가불 결제 시스템'에 바탕을 두고 있다. 선포인트 제도 역시 미래에 얼마만큼 반드시 쓴다는 전제로 값을 깎아주도록 설계되어 있다. 쉽게 말해 미래의 빚을 포인트로 바꾼 것이다. 고객으로서는 포인트로 빚을 갚는 셈이다.

덫은 바로 여기서 싹을 틔운다. 포인트로 값을 깎은 만큼 일정 기간에 반드시 결제 카드를 사용해야 하고, 그렇지 않으면 현금으로 토해내야 한다. 이 세상에 공짜는 없으니 말이다.

2020년 결혼한 K는 직장생활 5년 차의 여성이다. 부모님이 몇 년 전 퇴직한 터라 혼수 비용으로 부담을 주고 싶지 않았다. 그동안 그럭저럭 모아둔 돈을 신랑과 합쳐 몇억 원이 넘는 전세금을 마련하기로 했다.

혼수를 최대한 줄이려 했지만 그래도 최소한의 생활은 해야겠기에 TV와 냉장고 등 몇 개는 사기로 했다. 매장에 가서 42인치 TV를 사려고 했지만 가격이 마음에 걸렸다. 한참을 고민하던 중 매장 점원이 솔깃한 말을 했다. 카드 선포인트 제도를 통해 5년 동안 포인트로 갚아 나가면 50만 원이나 깎아준다는 것이었다. 어차피 카드는 사용해야 하니 주저 없이 카드를 긁었다.

하지만 결혼 후 그녀는 후회하게 되었다. 전세금이 치솟는 바람에 만기가 끝날 때쯤 집주인이 가격을 올릴 게 뻔하고, 그러려면 적금이라도 하나 더 들어야 했기 때문이었다. 당장 살림살이를 줄였지만, 자신이 혼수를 사면서 사용했던 선포인트 제도는 까맣게 잊고 있었다.

그런데 살림을 위해 카드 사용을 줄인 결과, 그녀는 TV를 살 때 깎았던 금액 중 일부를 현금으로 되갚아야 했다. 포인트로 결제하려면 매달 80만 원 정도는 사용해야 하는 데다 가맹점에 따라 포인트 적립률이 달라 포인트로 갚기란 사실상 불가능했다. 선포인트의 달콤한 열매가 쓴잔으로 이어진 것이다.

그녀처럼 카드회사들의 선포인트 제도에 현혹되어 무턱대고 물건을 샀다가 포인트를 채우지 못해 현금으로 대납하는 액수는 갈수록 급증하고 있다.

여기까지면 그나마 다행이다. 카드회사들은 여기에 또 하나의 덫을 깔아놓았다. 카드회사마다 조금씩 차이는 있지만, 대부분의 카드회사는 결제 금액을 연체했을 때 전액에 대해 포인트 적립을 거부한다. 하루만 연체해도 해당 달에 사용한 금액을 포인트로 인정하지 않는 것이다.

심지어 일부 카드회사들은 두 달을 연체할 때는 연체액만큼 기존에 쌓아놓은 포인트를 삭감하는 일도 있다. 고객 입장에선 연체이자에다 포인트 손실까지 이중, 삼중의 손해를 입는 셈이다. 야속하지만 빚을 포인트로 누린 결과는 이렇게 무서운 독으로 이어진다. 금융도 소비도 공짜는 없다.

할인이면 무조건
OK?
I
선포인트 제도만큼이나 많은 사람을 유혹하는 것이 카드회사 특유의 할인 마케팅이다. 사실 카드라는 물건 자체가 할인의 기술이다. 할인이라는 개념이 여러 곳에서 쓰이지만 물건을 사면서 카드를 통해 몇백 원이라도 할인을 받게 되면 카드를 사랑하는 마음이 절로 생기기 마련인 것이다.

신용카드를 새롭게 발급하게 되는 대부분의 동기가 지인의 권유 때문이라지만 할인의 유혹이 가져다주는 부분도 적지 않을 것이다. 카드회사들은 고객의 이런 심리를 참 잘도 파악한다. 각종 소비 패턴을 분석해 제휴사를 선별하고 다양한 할인 전략을 만들어 낸다. 하지만 카드회사들의 할인 전략 중 교묘하게 숨어 있는 또 하나의 덫이 여기에 있다. 바로 지난달에 쓴 이용액만큼 할인을 해주는 혜택인데, 이것 역시 눈을 똑바로 뜨고 봐야 한다.

한때 인기몰이를 했던 아파트 관리비 연동 카드를 보자. 주부 P는 1년여 전 매달 아파트 관리비를 깎아준다는 카드를 하나 갖게 되었다. 소비를 줄이기 위해 좀처럼 카드를 쓰지 않는 그녀였지만, 이 카드로 20만 원 이상만 쓰면 관리비가 절감된다는 말에 혹해 카드를 만든 것이다. 주부 입장에서는 단 한 푼이라도 절약할 길이 있는데 마다할 이유가 없었다. 그래서 그때부터 다른 카드는 제쳐두고 이 카드에만 충성을 바쳤다.

다음 달, P는 자신에게 날아온 카드명세서를 한참이나 들여다보았다. 분명히 자신이 쓴 돈이 20만 원을 한참 넘는다고 생각했는데, 관리비가 전혀 할인되지 않았던 것이다. 이유는 하나, 전월 이용대금에서 할인받았던 관리비 내용이 포함되지 않았던 것이다.

카드회사가 전달 이용분 중 할인 제공분은 이용대금에 포함시키지 않는 마케팅 기법을 사용했기 때문이다. 고객 입장에서는 할인금액보다 더 적은 규모로 할인하는 곳에서 카드를 사용해야 하는 결과가 발생한 셈이다. 카드회사들은 이처럼 이용대금을 둘러싼 다양한 전략을 만들어 놓고 있다. 일부 은행의 카드는 교통과 학원 사용분 등을 카드 이용대금에서 제외하기도 한다.

한 은행은 P처럼 관리비를 깎아주는 카드를 내놓으면서 전달 사용액에 관리비 할인분을 포함시키지 않은 것은 물론, 주유 사용액까지 포함하지 않았다가 고객들의 항의가 이어지자 뒤늦게 이를 수정하기도 했다. 다른 대부분의 대형 카드회사들 역시 전달 사용 내역이 최소 20~30만 원 정도는 되어야 할인받을 수 있고, 전달에 할인받은 내용은 예외 없이 해당 월의 사용 실적에서 제외한다.

카드회사들이 마케팅을 위해 경쟁적으로 내놓는 할인 카드는 이처럼 일반인들이 쉽사리 이해하기 어려운 부분이 많다. 설령 카드회사들이 그 구조를 설명해 준다고 하더라도 이해가 어려운 것들이 있다.

직장인 A는 시내 유명 백화점에 들렀다가 카드회사가 한창 마케팅을 하고 있는 N카드에 가입했다. 온갖 다양한 할인 혜택이 있는 데다 할인율 자체도 그 백화점에서 쓸 때는 다른 곳보다 높아 유용하다고 여겼다.

그 카드는 매달 10만 원 이상 결제하면 건당 10%, 즉 1만 원씩 적립해서 한 달에 최고 5만 원을 포인트로 적립해 주는 방식이었다. 다만 10%의 적립 혜택을 받으려면 전달 이용 금액이 30만 원을 넘어야 했다. 적립 혜택을 받기 위해 열심히 카드를 긁은 그는 몇 달 뒤 카드 청구서를 받아보고는 매우 이상한 점을 발견했다. 생각보다 할인 금액이 너무 적게 나온 것이었다.

이유를 알아본 뒤 그는 허망한 마음을 감출 수 없었다. 자신의 전달 이용액에는 적립 혜택을 받은 결제 건이 제외되어 산정되었다. 다시 말해 적립 혜택을 주지 않는 곳에서 30만 원 이상을 결제해야 포인트 적립을 받을 수 있다는 얘기였다.

가령 A가 이 카드를 갖고 5월 1일부터 30일까지 사용한 금액이 31만 원이었다고 치자. 그가 이 중 10만 원을 적립 대상점인 홈쇼핑에서 물건을 사고 10%인 1만 원을 적립 받았다고 하면, 다음 달에 전월 이용 실적을 산정할 때는 31만 원 중 적립 대상 사용액인 10만 원이 통째로 실적에서 없어진다는 뜻이다.

결국 그는 다음 달에 원천적으로 어디를 가더라도 적립을 받을 수 없다는 결론이 나온다. 적립 대상 매장에서 쓴 10만 원 중 적립액인 1만 원만 사용액에서 제외하면 전달 사용 실적이 30만 원이기 때문에 다음 달에도 이 카드를 통해 적립 혜택을 받을 수 있다고 생각했지만, 실상은 30만 원이 아닌 21만 원만 전월 사용 실적으로 잡힌다는 말이다.

실제로 카드회사의 홈페이지를 본 사람들은 적잖이 혼선을 겪는 게 사실이다. 카드회사의 홈페이지엔 '적립 처리된 이용액은 전월 실적 산정 시 제외된다'라고 되어 있는데, 상당수의 사람이 '적립 처리된 이용액'이란 말을 보고 적립 대상이 전체 사용액이 아니라 단순하게 적립액만을 생각한다는 것이다.

카드회사도 이런 사실을 알고 있을까? 그는 카드회사 상담원이 전하는 말을 뒤늦게 들으면서 언짢은 기분을 지울 수 없었다.

"고객님처럼 착각하는 분들이 계시는 것으로 알고 있는데요. 본사에 얘기해서 홈페이지에 더욱 정확하게 알아볼 수 있게 게재하도록 건의하겠습니다."

친절한 상담원의 목소리는 그에게 너무나 무덤덤하게 다가왔다. 지금은 법규가 바뀌어 그나마 나아졌다지만, 카드회사들이 일방적으로 부가서비스를 줄였던 행위에 당하지 않은 사람이 거의 없을 정도이다. 물론 상당수의 사람들은 자신이 당하고 있다는, 또는 이미 당했다는 사실 자체도 모르고 지나가는 경우가 태반이다.

2009년 8월 법규 개정 이전 카드회사들의 영업 행위를 보면 절로 속이 상한다. 고객도 모르는 사이에 연회비를 5,000원에서 단숨에 15,000원으로 올리지를 않나, 포인트 적립률을 절반으로 낮추면서도 고객들에게 제대로 통보도 해주지 않는 경우가 다반사였다.

일부 대형 카드회사는 놀이공원과 민속촌 등에서 할인을 받을 수 있는 조건을 직전 3개월 월평균 실적 10만 원에서 20만 원으로 올리기도 했다. 카드를 새롭게 발급받게 하려고 유혹할 때는 온갖 할인과 부가서비스 혜택을 주다가도 1년도 안 되어 자신들의 이익이 조금이라도 줄어들면 이를 슬그머니 바꿔버리는 행태가 되풀이되는 것이다.

이런 문제에 대해 각종 민원이 제기되자, 정부는 2009년 8월 7일부터 카드회사가 제공하는 할인 혜택이나 포인트 적립 등 부가서비스를 함부로 바꾸지 못하도록 여신 전문 금융업법을 바꿨다. 더불어 카드회사들이 출시한 상품의 카드 부가서비스를 1년 동안 변경하지 못하게 하는 한편, 서비스를 축소하려면 6개월 이전에 고지하도록 했다. 카드회사들이 일방적으로 계약 내용을 변경하는 얌체 행위를 사전에 막겠다는 의도였다.

하지만 법은 여전히 카드회사 쪽에 유리하게 되어 있다. 고지 의무의 경우, 종전 3개월 전 공지보다는 강화되었지만 6개월 전에만 고객들에게 알리면 각종 부가서비스를 자유롭게 변경할 수 있다. 카드회사들의 일방적인 부가서비스 폐지가 사실상 여전히 가능한 셈이다.

실제로 일부 은행계 카드회사는 신용카드 부가서비스를 대폭 줄이겠다고 일방적으로 고지해서 고객들의 반발을 사기도 했다. 이 카드회사는 '신용카드 서비스 변경 안내'라는 내용을 자사 홈페이지에 일방적으로 띄우면서 보너스 포인트 적립률, 주유 할인, 항공 마일리지 등 대표적 부가서비스들을 한꺼번에 바꿨다.

사람들이 많이 쓰는 주유의 경우, 종전에는 사용액에 관계없이 주유 할인을 받을 수 있던 것을 전달 10만 원 이상 사용 회원으로 제한하는가 하면, 이 사용 실적에서 주유 금액과 현금서비스, 현금 입출금 등은 아예 제외했다. 여기에 항공사 마일리지 혜택도 바꾸어 제휴카드의 마일리지 적립 기준을 1,500원당 2마일리지에서 1,000원당 1마일리지로 줄였다.

여기에 신용카드 결제 연체 시 캐시백도 차기 결제일 전까지 정리하면 지급해 주던 것을, 연체하면 지급하지 않는 것으로 바꾸기도 했다. 다른 카드회사들이 중단하거나 고객들에게 불리하게 책정된 서비스 부분들을 대부분 원용한 것이다.

그렇다면 일반 고객들은 소비의 욕구를 이용한 이런 전략에 계속 당하고만 있어야 하는가. 불행하게도 현실에서 딱히 이에 대항할 길은 없다. 인간의 소비 욕구를 절묘하게 이용한 덫을 스스로 피해 가는 수밖에 없다. 그래야 현명한 소비자가 될 수 있다.

무이자 할부의
덫
|

신용카드는 이제 소비활동의 필수품이 되었다. 현재의 결제를 뒤로 미루고, 당장 지갑 속에 있는 돈을 꺼내 가지 않으니 카드는 인간의 감각을 무디게 하면서도 '지름신'을 촉발하는 최대의 무기라 할 수 있다. 당연히 제조 및 유통업체들은 소비자들의 지갑을 조금이라도 더 열려고 온갖 전략을 내놓는다.

그중에서도 '무이자 할부'는 결제의 미래화를 통해 소비 심리를 극대화하는 절묘한 마케팅이다. 아무리 비싼 제품이라도 3개월, 6개월, 심지어 12개월 무이자 할부라는 글귀를 발견하는 순간 소비자의 부담은 절반으로 줄어든다. 그들에게 다음 달에 날아오는 카드 고지서는 머릿속에 들어 있지 않다. 게다가 6개월로 결제를 미루면서도 수수료도 없다니 소비자들로서는 참으로 고마울 따름이다.

그런데 여기에도 일반인들이 쉽사리 알지 못하는 지뢰밭이 깔려 있다. 직장인 Y는 얼마 전 대형 텔레비전을 사면서 6개월 할부를 무이자로 해준다는 말에 큰 부담이 없을 것으로 보고 구매를 결정했다. 자신의 월급 상황 등을 촘촘히 계산해 보니 굳이 6개월까지 갈 필요가 없을 것 같아 5개월짜리 할부로 결제를 끝냈다.

새로운 물건을 산 것도 기뻤지만 무이자라는 점을 생각하면서 미소를 지었다. 하지만 다음 달 카드 명세서를 본 그는 깜짝 놀랐다. 당연히 무이자로 생각하고 샀는데 명세서에 수수료가 붙어 있는 게 아닌가. Y는 득달같이 카드회사에 항의했다. 상담원의 말이 나오기도 전에 6개월 무이자 할부라면서 왜 명세서에 수수료가 붙어 있느냐고 속사포처럼 따졌다. 그러자 이내 뜻밖의 대답이 나왔다.

"6개월짜리 무이자 할부는 6개월로 결제해야만 무이자를 적용받을 수 있습니다."

그는 순간 말을 잇지 못했다. 속았다고 할 수도 없고, 그렇다고 물건을 물릴 수도 없었다. 카드회사에 항의하는 것도 더 이상 의미가 없어 보였다. 어차피 물건을 판매한 곳은 유통업체이고, 카드회사 상담원에게 백 번 얘기해도 규정이 그렇게 되어 있다는 것을 어쩌겠는가.

속사정을 좀 더 알아보던 그는 쓴웃음을 지었다. 특정 기간,

즉 6개월 무이자 할부의 경우 카드회사가 결제할 때 6개월 할부를 해야 승인이 나게 전산을 맞춰놓았기 때문에 2개월에서 5개월까지는 수수료를 물어야 한다는 것이었다. 12개월 무이자 할부로 물건을 살 때도 11개월 아래로 물건을 사면 당연히 수수료가 붙게 되는 셈이다.

그렇다면 이 부분에서 의문이 생긴다. 6개월짜리 무이자 물건을 살 때 5개월 이하에 수수료가 붙는다면 온라인 매장은 그렇다 해도, 오프라인 매장에서는 당연히 판매원이 설명해 줘야 하지 않는가. 하지만 이 또한 카드 판매의 구조를 보면 그런 기대 자체가 무의미하다는 사실을 알게 된다.

판매사인 카드 가맹점은 카드회사와 무이자 할부 서비스에 대한 특별 계약을 맺는다. 당연히 고객이 무이자 할부로 물건을 살 때 고객이 내야 할 수수료는 가맹점이 부담하게 되어 있다. 가맹점이 수수료 부담을 지더라도, 즉 조금의 이익이 줄더라도 매출을 늘리기 위해 택한 영업 전략의 일환인 셈이다.

그러니 가맹점으로서는 수수료의 면제 혜택을 적용하는 기간이 짧을수록 유리할 수밖에 없다. 자신들이 수수료 부담을 지게 되니, 당연히 무이자 기간이 짧은 게 나은 것이다. 이를 반대로 보면 가맹점들은 6개월 무이자 할부 판매라고 하더라도, 굳이 고객에게 2~5개월은 수수료를 내야 한다는 사실을 알릴 이유가 없다.

카드회사도 마찬가지이다. 카드회사 스스로 이 같은 원리를 소비자들에게 찾아가서 알릴 필요가 없다. 자신들은 가맹점이든 고객이든 수수료만 챙기면 되는 것이다. 소비자가 결제 기간을 최대한 길게 할수록 카드회사가 챙기는 수수료는 늘어나게 되어 있다.

카드 할부뿐만 아니다. 자동차를 살 때 고객들은 엄청난 금리에 화들짝 놀라게 된다. 수천만 원짜리 자동차를 사면서 환대를 받아도 모자란데 고금리 독박까지 써야 하다니 황당하기까지 하다. 특히 수입차의 경우 이런 현상이 심하다.

국내 가장 큰 수입차 업체인 메르세데스-벤츠코리아의 경우를 보자. 이 회사의 금융 서비스 계열사인 메르세데스-벤츠 파이낸셜서비스코리아는 금리가 2022년 연 7%대를 넘었다. 은행 신용대출 금리가 4% 언저리인데 자동차를 사면서 두 배 가까운 금리를 내야 한다니 분하기까지 하다.

7,000만 원짜리 자동차를 살 경우 우선 20%를 먼저 내고 나머지를 3년에 걸쳐 나눠 내는 할부 방식을 택할 때 내야 할 이자는 500만 원이 훨씬 넘는다. 딜러들조차 높은 금리가 적용된 할부 프로그램을 제안하기 난망할 정도다. 자동차를 팔아서 이윤을 남기고 할부 금리로 또 이익을 올리고, 결국 당하는 것은 고객뿐이다.

대형 마트에서
길을 잃다

**대형 마트의 유혹에
무너지다**

|

대형 마트는 현대 문명이 만들어 낸 멋진 창조물 중 하나이다. '슈퍼슈퍼마켓SSM이라는 괴물이 동네 슈퍼와 재래시장을 집어 삼킨다'며 연일 언론을 통해 난도질당하지만, 철저히 시장 경제라는 논리만 대입한다면 일반 소비자, 특히 새벽 별과 밤의 달빛이 익숙한 맞벌이 부부들에게 대형 마트는 무척 고마운 존재이기까지 하다.

두부와 콩나물에서부터 텔레비전이나 에어컨까지, 살아가는 데 필요한 모든 것을 갖춘 이 창조물은 말 그대로 원스톱 쇼핑의 전형이다. 그것도 연일 '최저가'를 외치니 쥐꼬리 월급에 기대어 살아가는 우리네 주부들에게 마트는 좀 과장되게 표현하면 기회의 열린 마당이다.

여기에 자신들보다 값싼 곳을 얘기하면 그만큼 보상해 주겠다는 '최저가 보상제', 한 발 더 나아가 그 진화판인 '최저가 신고 보상제'까지 나왔다. 더 낮은 가격을 신고만 해도 보상을 해준다는 소리에 '값파라치'까지 생길 정도이니, 주부들의 입장에서 대형 마트는 소비의 천국과 같은 곳이다.

대형 마트는 이렇게 우리에게 편리함과 저가라는 선물을 잔뜩 전해준다. 그런데 좀 이상한 일이 있다. 절약하기 위해 대형 마트를 다녀왔는데 지갑이 왜 이리 더 얇아져 있단 말인가.

중학생 딸을 두고 있는 주부 L은 어느 날 조간신문 틈새에 끼어 있는 인근 대형 마트의 전단을 보고 깜짝 놀랐다. 세일이라며 삼겹살을 절반 가격에 팔겠다는 것이었다. 당장 달려갔더니, 삼겹살 코너는 이미 그녀처럼 광고를 보고 찾아온 사람들로 북새통을 이루고 있었다.

거의 10분 가까이 줄을 서서 기다리던 그녀는 운 좋게도 전단에 나온 그대로 삼겹살을 시중가격의 반값으로 살 수 있었다. 그녀 뒤에 서 있던 사람들이 허탕을 치고 돌아설 만큼 인기가 있었기에 거의 공짜로 삼겹살을 손에 쥔 느낌이었다.

기분이다! 그녀는 내친김에 남편과 데이트도 할 겸 매장을 한 바퀴 돌기로 했다. 평소 라면을 좋아하는 딸아이를 위해 한 박스를 사고 달걀과 과일, 야채까지 곁들인 다음에 요즘 다이어트에 신경 쓰는 아이를 위해 체중계 하나를 장만했다.

그렇게 두어 시간 돌아다녔을까. 어느새 그녀의 카트는 가득 찼고, 계산대에 찍힌 금액은 145,000원이었다. 한 달 생활비의 10분의 1에 가까운 돈이 한 순간에 날아간 것이다.

"그래도 삼겹살을 반값에 샀는데……."

그렇게 애써 위안하며, 그들 부부는 거대한 짐 바구니를 차에 싣고 집으로 돌아왔다. 정보에 민감한 소비자가 더 많은 것을 얻을 수 있다는 명제를 전면에 내세우며, 대형 마트는 다양한 마케팅 방법을 총동원해서 소비자를 유인한다. 그에 따라, 소비자들은 돼지고기를 절반 가격으로 사야만 현명한 소비를 하는 것 같은 강박관념까지 가지게 된다.

그런데 참으로 이상한 일이다. 대형 마트가 이렇게 천사처럼 반값 세일을 하는데 소비자들은 할인점에 가서 쇼핑만 하고 오면 지갑이 텅 비어 있으니 말이다. 대형 마트는 값싼 가격이라는 미끼와 함께 원스톱 쇼핑이라는 탁월한 무기를 갖고 있다.

소비자에게 필요한 모든 것을 완벽하게 갖춰놓고 있는 대형 마트에 가면, 아무리 절약이 몸에 밴 주부라도 이것도 필요하고 저것도 필요한 듯하다. 온갖 물건을 그럴듯하게 포장해서 진열해 놓았으니 말이다. 그것도 소비자들의 욕구를 어찌 그리도 잘 아는지 판매대의 층은 물론이고 눈높이까지 정확히 계산해서 진열한다. 견물생심이라고 사고 싶은 욕구가 저절로 생기지 않을 수 없다.

카트에 차곡차곡 쌓이기 시작하는 물건들. 어느 정도 쌓였다 싶으면 이제 돈에 대한 관념은 서서히 사라진다. 소비자들은 한 걸음 내디딜 때마다 속으로 다양한 이유를 대면서 주문을 외운다. 어차피 필요한데, 조금이라도 싼 데서 사는게 이득이야. 비싸지도 않은데 사두면 언젠가는 필요할 테니까……. 대형 마트의 유혹 앞에서는 L처럼 아무리 절약정신이 투철한 주부라도 금세 의지가 꺾이고 만다.

초저가 할인 뒤에
숨은 뜻

|

소비자들은 지갑이 줄줄 새고 난 뒤에야 때늦은 후회를 하면서도 '할인점은 어떻게 손해를 보면서까지 장사를 하지?' 하는 의문을 품으며 자신을 달랜다. 오늘 L이 사들인 반값 삼겹

살이 그렇듯 도무지 원가 이하일 것 같은 상품을 대대적으로 팔고 있으니 이렇게 해서 얼마나 남길까 싶어 그들의 속내가 궁금해지기도 한다.

그렇다면 초저가로 소비자를 유혹하는 대형 마트는 정말로 손해를 보고 파는 것일까? 결론부터 말하자면 세상에 손해 보는 장사꾼은 없다. 하물며 대형 마트를 운영하는 대기업이 소비자들을 위해 손해를 보면서 가격을 깎아줄 거라고 기대하는 것은 착각이다.

그들이 최저가를 내세우면서 이익을 내는 방법은 무엇일까. 박리다매? 그건 답이 아니다. 언론을 통해 워낙 많은 말이 나와 대다수 사람은 이제 어느 정도 알고 있겠지만, 반값 삼겹살 판매를 가능하게 하는 첫 번째 방법은 바로 '미끼 상품loss leader'의 원리이다.

주부 L을 남편과 함께 쇼핑의 길로 이끈 삼겹살이 바로 미끼 상품이었던 셈이다. 특정 품목에 대해 원가를 의심케 하는 파격적인 가격을 제시해서 소비자의 발길을 유인한 뒤에, 다른 상품의 매출을 통해 전체의 이익을 높이는 마케팅 기법을 사용하는 것이다. 삼겹살 하나만 놓고 보면 분명히 적자지만, 전체 품목을 합하면 엄청난 이익으로 연결된다.

또 다른 원리인 뉴로 마케팅neuro marketing 또한 이와 연결되어 있다. 뉴로 마케팅은 말 그대로 소비자의 두뇌 활동을 분석해서 소비심리를 알아낸 뒤에 이를 판매 전략으로 연결하는 것이다. 일단 대형 마트로 발길을 옮기게 한 뒤에 소비자의 충동구매를 자극하는 것이다. '지름신'이 강림한 소비자에게 도저히 지갑을 열지 않을 수 없게 만드는 것, 그게 바로 마트에 주어진 책무로 L이 생각지도 않던 체중계를 구매한 것과 같은 원리이다.

심지어 그녀 뒤에 줄을 서서 삼겹살을 사려다 실패한 사람들조차 다른 상품을 사거나 계획에도 없던 물품을 사고 만다. 마케팅 전문가들은 사려는 물건이 없어도 애써 구매하는 심리를 '일관성의 법칙'이라고 한다. 대형 마트는 어찌 되었든 이러한 미끼 상품을 통한 마케팅에 대단한 성공을 거둔 셈이다.

온라인 쇼핑의 진화와 함께 대형 마트들의 '미끼 마케팅'도 다채로워지고 있다. 한 대형 마트는 마케팅 수신에 동의하는 고객에게 '가벼운 선물'을 증정(?)한 뒤 끊임없이 고객을 유인하는 문자를 보낸다. 최근에는 'e머니'라는 이름의 구매 포인트를 지급한 뒤 "고객님께서 보유하신 e머니 5,000점 중 5,000점이 곧 소멸될 예정이다"라며 고객의 발길을 부추긴다.

항공사나 카드사 마일리지뿐 아니라 마트의 포인트까지 '소멸'이라는 문자로 고객들을 끊임없이 현혹한다. 그리고 고객들은 5,000점을 버리지 않기 위해 마트를 찾고, 결국 '지름신'의 유혹을 버리지 못한 채 몇 배의 소비를 하고 만다.

숫자에 눈이 머는
소비자들

|

충동구매가 좋은가 나쁜가의 논쟁을 떠나서 사람들로 하여금 충동구매의 덫에 빠지게 하는 핵심 요인 중 하나가 바로 '숫자'일 것이다. 자신의 소득을 생각하면 비싼 옷이나 가방을 사면 안 된다는 이성적 판단을 내리다가도, '몇 개월로 나눠서 내면 되지' 하는 생각으로 돌아가면 금세 알록달록한 물건에 확 꽂힌다.

유통업체들은 소비자의 이런 속성을 참으로 기가 막히게 잘 이용한다. 소비자가 10만 원과 15만 원짜리 물건에서 갈등하고 있으면, '3개월 무이자 할부로 하면 한 달에 17,000원 정도만 더 쓰면 되는데 기왕이면 좋은 것으로 하세요. 일주일에 커피 한 잔만 덜 마시면 되는데⋯⋯' 하면서 유혹한다. 유통업체에 '3개월'이라는 숫자는 소비자를 현혹하는 최고의 무기이자 매력 덩어리인 셈이다.

이런 등식은 옷에서부터 가전제품, 하물며 자동차와 집에 이르기까지 무한대로 적용된다. 특히 온갖 물건의 집합체인 백화점과 대형 마트는 숫자와 마케팅을 절묘하게 이용하는 가장 대표적인 곳들이다. 그중에서도 상품권을 이용한 마케팅 비법은 백화점들이 만들어 낸 최고의 판매 기법이다.

백화점들은 고객들에게 '3만 원 이상 구매하면 곽 티슈와 그릇 용기 등을 선물로 준다'는 안내문을 일주일이 멀다 하고 보낸다. 그러면 알뜰한 주부들은 이 기간을 놓치지 않기 위해 필사적으로 백화점을 찾아 어떻게 해서든 3만 원을 채우려고 노력한다.

백화점을 찾은 당신이 25,000원만 소비하는 행위는 일종의 죄악이다. 여기에 5,000원만 더 쓰면 덤으로 물건을 주는데 그것으로 소비를 끝내는 것은 '알뜰한 당신'이 아닌 것이다. 언젠가 집에 두면 쓰겠지 하면서 물건을 고르고 3만 원만 채우려 했던 것이 어느덧 4만 원이 되고, 5만 원이 되어 버린다. 이 순간 '3만 원 쿠폰'은 소비자를 대형 마트 문턱으로 유인하는 데 성공했던 반값 삼겹살과 같다. 물론 3만 원 쿠폰에 백화점이 손해를 보는 일은 절대 없다.

그나마 주부들이 3만 원 쿠폰으로 들고 오는 곽 티슈는 너그럽게 봐줄 수 있다. 백화점들이 걸핏하면 내거는 상품권 마케팅은 숫자가 만들어 낸 교묘한 숫자마술이다. 백화점들이 상품권 행사를 내걸면서 기준점으로 제시하는 '10만 원·20만 원·30만 원·50만 원·100만 원 이상'은 마치 소비자들을 시험에 들게 하는 숫자의 마술과도 같다.

아마도 백화점에서 가장 붐비는 곳을 찾으라면 백화점 꼭대기 층일 것이다. 1만 원짜리 상품권을 타기 위해 길게 줄을

서 있는 모습을 보면 상품권의 위력이 참 대단하다는 생각이 절로 떠오른다. 소비자들은 '10·30·50'이라는 숫자를 놓고 백화점과 온종일 '심리의 시소 타기'를 벌인다. 소비자들은 이 숫자를 맞추기 위해 사투를 벌이는 '퍼즐 게임사'와도 같다. 어떻게든 백화점이 내놓은 상품권 경품의 기준을 맞추기 위해 머리를 굴린다.

주부 Y는 남편의 양복을 사기 위해 백화점에 들렀다. 그렇게 한참을 둘러보다 마음에 든 제품은 44만 원이었다. 좀 더 마음에 드는 게 있었지만 60만 원이 넘어 포기하기로 했다. 그런데 양복 매장을 나오려던 그녀의 눈에 백화점이 내건 사은 행사 플래카드가 보였다. 50만 원 이상 구매 고객에게는 1만 원짜리 상품권 5장을 준다는 것이었다.

6만 원만 더 쓰면 상품권 5만 원을 건질 수 있다! 그녀는 백화점을 한 바퀴 더 돌기로 했다. 50만 원을 채우기 위한 대작전이 시작된 것이다. 한 시간이나 돌았지만 그 가격에 맞는 물건을 사기가 쉽지 않았다. 그녀는 결국 자신의 속옷과 남편의 와이셔츠를 사기로 했다. 이렇게 해서 55만 원을 만든 Y는 예쁘장하게 생긴 5만 원어치 상품권을 지갑에 넣고 나서 환하게 웃었다.

그날부터 그녀는 지갑을 열 때마다 예쁘게 포개져 있는 상품권을 무시할 수가 없었다. 1만 원짜리 지폐보다 상품권이 더 소중해 보였다. 열흘 후, 그녀는 백화점을 다시 찾았다. 가급적이면 근처 재래시장에 가서 장을 보던 습관을 상품권이 바꿔버린 것이다.

상품권 5만 원어치를 쓰기 위해 백화점을 다시 찾은 그녀는, 그날 결국 상품권 5만 원에다 현금 3만 원을 더 썼다. 상품권 행사가 없었더라면 44만 원으로 끝났을 그녀의 소비는 이렇게 해서 모두 63만 원으로 늘어났다.

천문학자 갈릴레오 갈릴레이는 '자연은 수학이라는 책으로 쓰여 있다'고 말했다. 그만큼 숫자는 지구상에서 영어 이상으로 보편적인 통용 수단이다. 숫자라는 단어가 애당초 물질적이고 객관화된 규칙의 수단임에도 때로는 인간의 정서를 가늠하는 잣대로까지 사용된다. 인간의 심리지수는 물론이고, 한 국가의 행복지수라는 것까지 나와 있다.

우리 생활에서 이렇게 숫자는 물질과 감정을 지배한다. 심지어 17, 25, 32, 42 등의 숫자는 한국 사회에서 한 인간의 능력을 가늠하는 상징적 단어가 되어 버렸다. 아파트 평형의 크기가 커질수록 상대방에 대한 경외의 눈길은 커질 수밖에 없다. 그런 측면에서 본다면 계량형 단위를 바꾸면서 평형 대신 '제곱미터㎡'를 쓰게 되어 숫자로터 느껴지는 감각이 떨어진 게 그나마 다행인지도 모른다.

참으로 편리한 언어적 매개체인 숫자는 때로 인간을 스스로의 함정에 빠뜨린다. 인간의 합리적 활동을 위해 고안되었다고 하지만, 숫자에 대한 집착은 오히려 인간의 합리적 판단 능력을 떨어뜨리고 비이성적 판단으로 몰아넣곤 한다. 남편의 양복을 사기 위해 백화점에 들렀던 주부가 상품권의 마력에 빠져 두 차례에 걸쳐 백화점의 충실한 고객이 된 것은 바로 '숫자의 덫'에 빠진 결과물이다.

제조업체와 마케팅업체들은 일반인들이 어떻게 하면 알아채지 못하는 가운데 자기들의 이익을 늘릴지 끊임없이 고민한다. 그리고 결국엔 가격을 올리지 않고도 이익을 늘리는 방법을 숫자를 통해 구현한다. 그 숫자의 대표적인 부분이 바로 '부피'이다. 사람들이 가격에는 민감하지만 부피에는 둔감하다는 사실에 착안한 것이다. 부피와 가격을 갖고 소비자들을 '가격의 착시 현상'에 빠지게 만드는 셈이다.

시중에 깔린 과자만 놓고 보자. 살림에 도통 관심이 없는 사람이라면 잘 모르겠지만, 초등학교 아이를 둔 엄마들은 슈퍼에 가서 과자 하나 사기가 과일 사기보다 더 무섭다. 요즘 아이들이 잘 먹는 과자의 가격은 웬만한 사과 한 알의 가격과 비슷하다.

반면에 과자의 부피를 자세히 들여다보면 예전과 완전히 다르다. 과거 500원짜리 과자봉투의 부피나 지금 1,500원짜리 과자봉투 부피가 별 차이가 나지 않는다. 봉투는 엄청 커졌는데 속에 든 내용물은 빈약하기 이를 데 없는 것이다. 최근에는 물가가 걷잡을 수 없이 치솟자 이처럼 '슈링크플레이션 shrinkflation'*이 확산되고 있다. 고물가로 재료값이 오르자 기업들이 제품 용량을 슬쩍 줄이고 있는 것이다. 과자 용량을 줄이고 두루마리 휴지를 425장에서 320장으로 줄이는 등의 행위로, 고객들이 눈치채지 못하는 방법으로 가격을 올리는 꼼수 전략이다.

이것까지는 어쩔 수 없다고 치자. 그마저도 요즘에는 웬만한 동네 슈퍼에서 예전의 작은 크기로 된 과자들을 아예 눈을 씻고 봐도 찾기 어렵다. 가격이라는 겉으로 드러나는 숫자에 집착하는 소비자들에게 '부피의 숫자'를 통해 불만을 최소화시키고 있는 것이다.

숫자의 함정 중에서도 소비자들이 가장 많이 빠지고, 제조업체들이 가장 쉽게 이용하는 것은 무엇일까. 눈치를 챘겠지만 그건 바로 '0'과 '9'이다. '9'라는 숫자는 누구나 생각할 수 있듯이 990원, 9,900원 등으로 구매에 따른 소비자의 심리적 부담을 누그러뜨리는 일종의 착시 수단이다. 때문에 소비

---

* 　 줄인다는 뜻의 '슈링크shrink'와 인플레이션을 합성한 것으로, 가격은 그대로 두면서 제품의 크기나 수량을 줄이거나 품질을 낮춰 영업마진과 수익성을 높이는 것. 인플레이션 상황에서 가격을 직접 인상하는 대안으로 자주 사용된다.

자들도 이런 마케팅 수단이 갖는 함정을 어느 정도는 눈치를 채고, 이성적 판단을 상실하지는 않는다.

하지만 '0' 부분에 들어가면 사정이 달라진다. 경제적 행위를 하는 인간이란 동물은 원래가 제로, 한글로 따진다면 '공짜'라는 단어를 정말 좋아한다. 그러나 동시에 '세상에 공짜는 없다'라는 말 역시 존재한다. 이익 창출을 위해 존재하는 제조업체들이 자선기관도 아니고, 소비자들을 위해 공짜로 물건을 제공해 주는 것을 바란다면 자본주의 시대를 사는 인간의 자격이 없다.

쉬운 예로 길거리마다 몇십 미터가 멀다 하고 보이는 '공짜폰' 광고를 보자. 이동통신 대리점에 덕지덕지 붙어 있는 공짜 휴대폰 광고를 보면 사람들은 절로 입이 벌어진다. 수십만 원씩 하는 휴대폰을 한 푼도 주지 않고 살 수 있다니, 대체 이동통신사들은 뭘 먹고살기에 이런 자선을 베푸는 것일까.

할머니고 할아버지고, 하물며 한 달 생활비도 제대로 없어 허덕이는 빈민들도 공짜 휴대폰의 매력 앞에서 맥을 못 춘다. 하루가 멀다 하고 쏟아져 나오는 새로운 휴대폰의 디자인, 여기에 '0'이라는 숫자의 결합 속에서 소비자들의 구매 욕구는 공황 상태에 빠져든다. '공짜폰'이라는 글귀를 보고 가게에 들어선 순간, 소비자의 이성적 판단 능력은 이미 상실된 상태이다.

가게에 들어선 이후 점원이 조건으로 내건 것은 매달 5~10만 원에 이르는 '약정'에 2~3년이라는 조건이 단골처럼 등장한다. 심지어 특정 카드를 매달 일정 금액 이상 사용하면 할인해 주는 프로모션도 동반한다.

해당 카드는 수십만 원을 사용해도 포인트 적립이나 할인 혜택이 거의 없는 말 그대로 '결제만을 위한' 카드다. 이 카드가 아니라 포인트 적립이 많이 되는 다른 카드로 소비를 해서 적립을 했다면 휴대폰 할인을 위해 아무런 혜택을 받지 못한다. 어떤 카드를 사용하는 게 이득일까?

어찌 됐든 사람들은 통신요금의 약정이 갖는 의미가 무엇인지도 모른 채 공짜 휴대폰이라는 매력적 상술에 빠진다. 손바닥만 한 크기의 물건을 미소를 잔뜩 머금은 채 가져와서 밤새도록 연구하고 탐색한다.

하지만 공짜 휴대폰은 정말 공짜일까. 방송 채널을 돌릴 때마다 등장하는 통신사 광고와 공짜 휴대폰까지, 일반인들이 언뜻 생각하기에도 산술적으로 불가능해 보이는 이 엄청난 돈을 통신사들은 어떻게 만들어 낸단 말인가. 하지만 세상에 물건을 거저 주는 제조업체는 단 한 군데도 없다. 그들은 어딘가에서 반드시 고객들의 지갑을 털어간다.

통신사들은 한 해에 무려 10조 원에 가까운 마케팅 비용을 쓴다. 그리고 그중 상당 부분은 공짜 휴대폰 제공에 들어간다.

휴대폰 제조업체와 통신사들이 만들어 낸 합작품이 바로 공짜 휴대폰이다. 제조업체들은 마치 외발자전거처럼 그들이 만든 새로운 창조물을 어떻게 해서든 시장에 내보내야 하고, 통신업체들 역시 소비자들의 통신비용을 늘리는 다양한 방법을 만들어 낸다.

'약정 프로그램'은 이렇게 해서 만들어진 것이다. 약정은 그나마 휴대폰 사용자 당장의 즐거움을 창출하는 수단이라고 치자. 여기에 불평등의 게임이 다시 개입된다. 메뚜기처럼 통신사를 이리저리 이동하지 않고 한 회사에 오랫동안 아무 불평하지 않은, 충실하게 몸 바친 고객은 어떤가.

정치경제학적 논리로 들어가면 그들은 '침묵하는 다수'이다. 말을 하지 않을 뿐이지 수년 동안 한 통신사에 상당한 요금을 내면서도, 그들이 책정하는 요금체계에 묵묵히 따라왔다.

통신사들이 엄청난 마케팅 비용 중 일부라도 요금 인하로 돌렸다면, 오랫동안 한자리를 지킨 침묵의 고객들 역시 수혜를 입었을 것이다. 충성스런 침묵의 소비자들은 일종의 '기회비용'을 가만히 앉아 상실하고 있는 셈이다. 통신사들이 구사하는 현란한 마케팅 전략 속에서 충직한 고객은 언제나 그렇듯 무한 희생을 강요당하고 있다.

새벽 배송의
배신

I

전자상거래^{e}는 디지털 시대가 낳은 유통 혁신의 총아다. '물건은 눈으로 직접 보고 사야 한다'며 오프라인인 대형 마트와 전통 시장을 찾던 할머니 할아버지조차 간단한 클릭 몇 번으로 현관문 앞에 배달되는 신기함에 온라인 마켓을 찾는다.

코로나19와 거리두기는 유통의 변화에 더욱 기름을 끼얹었다. 통계청이 공식 집계한 자료만 보더라도 2021년 온라인 쇼핑 거래액은 192조 8,946억 원으로 전년161조 1,234억 원보다 무려 21.0%가 늘었다. 온라인 쇼핑이 성장하기 시작하던 2015년의 56조 원에 비하면 2~4배나 급증한 수치이다.

2022년 1분기에도 49조 1,287억 원으로 전년 같은 시기보다 11.8%가 더 증가했다. 이 기세로 쿠팡은 미국 증시 상장이라는 기염을 토했고, 마켓컬리 등은 코로나 이후의 인플레이션 발 증시 쇼크로 상장을 미루고 있지만 언제든 대박을 터뜨릴 자신에 차 있다.

신新 유통 거인들을 만든 일등공신은 역시 새벽 배송일 것이다. 아침잠을 깨자마자 전날 밤 주문한 물건이 도착해 있는 신비로움에 주부들은 잠들기 전 휴대폰 하나로 가족의 아침과 건강까지 책임질 수 있게 됐다. 새벽 배송이 급격하게 성장하자 공룡 포털이던 네이버는 물론 홈쇼핑 업체들까지 새벽 배송에 뛰어들었고, 여기에 G마켓·옥션 등까지 가세했다. 2022년 6월 현재 새벽 배송에 뛰어든 업체는 20개를 훌쩍 넘는다. 2018년 1조 원 규모에 그치던 새벽 배송 시장 규모는 10조 원을 넘기며 10배 넘게 성장했다. 이런 속도라면 '세상의 모든 소비는 동트기 전에 이뤄진다'는 말을 외쳐도 될 판이다.

속도가 빠르면 탈이 일어나기 마련인가. 새벽 배송은 편리함을 찾는 우리의 소비자들의 뒤통수를 너무나 자주 때리곤 한다. 경쟁이 치열해지면 서비스와 품질도 좋아져야 하는 게 이치인데, 배송의 속도가 오히려 늦어지고 품질도 떨어지는 현상이 빈번해지는 모습을 보면 혁신이라는 말이 부끄러울 정도다. 업체들은 온라인 쇼핑 시장이 너무 빠르게 커지면서 인력을 충원하지 못해 벌어지는 일이라고 하지만 소비자들로선 주문도 소화하지 못하면서 배달을 받고, 빠른 배달을 외치며 별도의 회원비까지 챙기는 업체들이 얄미울 수밖에 없다.

한국소비자원에 접수된 새벽 배송과 관련한 소비자들의 불만 가운데 배송 지연에 대한 것이 21.5%로 가장 많다. 새벽 배송 브랜드 상위 6개 업체의 이용 약관을 보면 5개 업체가 약정 배송 시한을 초과해도 구체적인 보상 기준을 명시하지 않고 있다.

2021년 8월 한 이커머스 업체에는 고구마 주문을 놓고 소비자들의 불만이 쏟아졌다. 전남 한 지역의 꿀고구마였는데 3,000개 가까이 판매되었다. 하지만 한 달 가까이 배달이 되지 않은 것이다. 고구마 외에도 귤, 사과 등 여러 품목에 이르고 별도의 보상금도 없으니 이커머스에 중독된 고객들만 바보가 된 형국이다.

 '아침에 맛보는 기쁨'이 아니라 아침부터 기분을 망치게 하는 데에는 품질의 문제도 있다. 앞서 소비자원 조사에서 소비자들의 불만 유형 중 품질 하자가 18.1%로 배송 지연에 버금갈 정도로 많다는 점은 업체들이 분명 생각해야 할 대목이다. 심지어 한 대형 이커머스의 경우 아기 기저귀를 시켰더니 작업자 마스크가 배달됐다는 보도까지 나올 정도니, 시장 성장 속도와 서비스 품질은 반비례하는 것 아니냐는 말이 나올 법하다.

 배달 지연이나 품질의 문제가 서비스와 관련된 것이라면 고객들을 차별하는 행위는 기업의 윤리 자체를 의심하게 만든다. 2000년 미국 아마존의 제프 베이조스Jeff Bezos 최고경영자CEO는 매출을 늘리려 구매 이력이 있는 고객에게는 상대적으로 높은 가격을 받고, 구매 이력이 없는 고객은 신규 고객을 유치하기 위해 낮은 금액을 제시하는 방법을 썼다가 몰매를 맞았다. 고객 차별을 한 것인데 불매 운동까지 벌어지자 베이조스는 결국 백기투항하고 말았다.

　이런 일은 우리 이커머스 업체들에게서도 공공연하게 벌어진다. 잡은 물고기는 찬 밥 신세라는 마케팅의 불편한 진실은 여기에서도 여지없이 통용된다. 한 대형 업체가 대놓고 광고하는 '첫 고객에게 생수 20병을 100원에 제공'하는 마케팅은 새로운 고객을 끌어들이는 데는 괜찮은 미끼일지 모르지만 기존 고객으로서는 마음이 편치 못하다.

　2022년 5월 한겨레 보도에는 한 대형 업체의 사례를 들어 유료 회원 등에는 비싼 가격을 받고 같은 물건인데 신규 고객에게는 더 비싸게 받는다는 사례가 등장하기도 했다. 해당 업체는 인공지능AI에 기반해 제품이나 서비스 가격을 유동적으로 바꾸는 이른바 '다이내믹 프라이싱' 전략이라고 하지만 소비자들로선 분통이 터질 수밖에 없다. 심지어 다른 대형 이커머스 업체는 '물류 센터별로 할인가가 다르다'는 이유로 같은 상품을 고객마다 다른 가격에 팔아 빈축을 사기도 했다.

　배달비나 배송 시기의 차별도 고객들을 불편하게 만드는 대목이다. 물류 경쟁이 벌어지고 있음에도 여전히 지방은 배달이 늦고 배송비마저 더 받는 구조를 보면 '이래서 서울에서 살아야 하나'라는 푸념이 생길 수밖에 없다.

　이커머스의 문제는 대형 온라인 플랫폼 기업들의 불공정 문제에 비하면 사소한 것일 수도 있다. IT 기술과 혁신의 대명사인 대형 플랫폼 업체들이 도리어 시장의 변화와 경쟁을 가로막는 요인이 되고 있을 정도이니 '느린 공룡은 퇴화한다'는 불변의 법칙은 시대가 흘러도 변하지 않는 듯하다.

2021년 세상을 떠들썩하게 만든 '카카오의 배신'은 우리의 가슴을 후비게 만들었다. 자회사인 카카오모빌리티가 독점하다시피 한 택시 호출 애플리케이션인 '카카오T'를 이용해 가맹 택시들에게 '배차 몰아주기'를 한 의혹은 그나마 소비자들의 편리와 연계돼 있어 덜 비판을 받았다.

하지만 첨단 기술과 거리가 먼 미용실, 음식점, 꽃 배달 등 자회사가 180개에 달한다는 소식에 국민들은 이들이 '문어발'이 아니라 '지네발'이며, 상생의 정신을 아는 기업이 맞느냐는 비난의 화살을 쏟아낼 수밖에 없었다. 비단 카카오뿐만이 아니다. 소비자들은 이제 다른 온라인 플랫폼 업체들에게서도 '못된 송아지 엉덩이에 뿔부터 나는' 모습을 더는 보고 싶지 않다.

내 몸이 감당할 수 있는 빚

백화점,

강자에게 약하고 약자에게 강한

|

많은 사람들이 백화점이든 온라인 쇼핑몰이든 물건을 살 때마다 궁금해하는 것 중 하나가 업체들은 과연 얼마나 남기는지다. 특히 사회가 바뀌어 이제는 웬만한 서민들도 백화점 가는 것에 큰 부담을 갖지 않지만 불과 20여 년 전만 해도 백화점은 부자들의 전유물처럼 여겨졌었다.

1인당 국민소득이 35,000달러 시대에 들어설 만큼 살기 좋은 나라가 됐다지만 도대체 백화점의 상품가격은 왜 그리 비싸단 말인가. 물건에 금칠을 한 것도 아니고 옷을 지폐로 만든 것도 아닌데, 재킷 하나에 몇백만 원이 넘는 현상은 왜 발생할까?

더욱 이해가 안 가는 것은 그렇게 비싼 옷이 한 해가 지나 아웃렛으로 가면 가격이 절반으로 뚝 떨어지는 현상이다. 하물며 요즘은 해가 바뀌기도 전에 백화점 상품을 아웃렛에서 심심치 않게 발견할 수 있다. 사람들의 질문은 자연스럽게 대체 백화점이 남기는 이윤은 얼마나 되는 것인지로 넘어간다.

한 기업이 물건을 팔아서 남기는 이익은 사실 사람의 속살을 엿보는 것과 비슷하다. 그래서 기업들은 자진해서 구체적인 품목별 마진을 밝히기를 두려워한다.

그런 면에서 본다면, 공정거래위원회라는 행정 조직은 국민에게 때때로 고마운 존재가 되어 준다. 기업들에게 공정거래위원회는 밉고 까다로운 존재겠지만, 시장경제가 그나마 큰 비틀림 없이 돌아가는 데 있어 공정거래위원회가 일정 부분의 역할을 하는 게 사실이다.

공정거래위원회가 매년 내놓는 '대형 유통업체의 판매수수료 현황'이라는 자료가 있다. 한국유통학회에 용역을 주어 백화점과 홈쇼핑을 통해 제품을 팔고 있는 업체들을 상대로 심층 면접을 벌인 결과물이 여기에 담겨 있다. 그만큼 판매수수료는 비밀의 공간임을 말해주는데, 이 중 일부 품목을 보면 입이 떡 벌어진다.

판매수수료는 말 그대로 판매업체들이 백화점이나 홈쇼핑을 통해 물건을 파는 대가로 지불하는 비용을 말한다. 좀 더 쉽게 말하면, 물건을 팔면서 백화점이 중간 마진 형태로 주머니에 넣는 돈을 의미하는 것이다.

판매수수료의 단순 규모도 납득하기 쉽지 않지만 더욱 심한 것은 업체들이 매기는 수수료 체계다. '약자에 강하고, 강자에 약한 사람'이라는 말이 있다지만 유통 업체들의 수수료 체계는 이와 너무나 닮아 있다.

2018년 9월 공정위의 조사 결과를 보자. 직전 연도의 판매수수료율을 파악한 결과인데, 우선 홈쇼핑 업체들의 수수료율에서 도드라지게 나타난 것이 하나 있다. 당시 한 대형 홈쇼핑 업체가 중소기업들에게 매긴 판매수수료율은 38.5%에 이르렀다. 1년 전[35.1%]보다 3.4% 포인트가 높아진 것이다.

황당한 것은 대기업에는 29.4%의 판매수수료율을 매기고 있다는 것이다. 조사 대상인 7개 홈쇼핑 업체 중 중소기업에 20%대의 판매수수료율을 적용한 업체는 두 곳밖에 없었다. 홈쇼핑 업체에서는 다양한 이유를 들이대겠지만 갑을 관계가 분명한 중소업체들에게 폭리를 취한 것은 틀림없는 사실이다.

또 하나 분노하게 만드는 것은 대형 유통업체들이 해외 브랜드에 비해 국내 브랜드에 높은 판매수수료율을 적용하고 있다는 점이다. 한 대형 백화점의 경우 국내 브랜드 수수료율은 28.1%인 반면에 해외 브랜드 수수료율은 22.4%에 그쳤다. 해외 브랜드가 입점한 5개 백화점 모두 해외 브랜드의 수수료율이 국내 브랜드보다 낮았다.

유명 해외 브랜드는 유치 경쟁에 나서야 할 만큼 백화점이 약자의 위치에 있는 반면, 국내 업체들은 상대적으로 쉽게 요리할 수 있기 때문에 수수료를 높게 책정하는 것이다. 고객들로선 이런 불합리한 수수료 체계만 바로 잡히더라도 가격 횡포로부터 조금이라도 벗어날 수 있을 것이다.

자동차 사는데
웬 레몬이 등장할까?
|

1975년 미국에서는 소비자 보호에 획을 그을 만한 법이 제정된다. 이 법의 정식 명칭은 발의자인 상원의원 워런 매그너슨 Warren G. Magnuson과 하원의원 존 모스 John E. Moss의 이름을 딴 '매그너슨-모스 보증법'이다.

법의 내용은 차량이나 전자 제품에 결함이 있어 일정 횟수

이상 반복해서 품질 기준을 충족하지 못하면 제조사가 소비자에게 교환이나 환불 또는 보상을 해야 한다는 것이 골자였다. 연방법으로 처음 제정된 이후 1982년 주 단위로는 코네티컷Connecticut주에서 최초로 시행돼 점차 모든 주로 확산되었다.

흥미로운 것은 이 법이 지금은 '레몬법Lemon law'으로 통칭이 되어 있다는 점이다. 이유는 단순하다. 영미권에서는 결함이 있는 자동차나 불량품을 지칭할 때 '레몬'이라는 말을 넣는다. 달콤한 오렌지제품인 줄 알고 샀는데 매우 신 레몬불량품이었다는 것이다. 이를 인용해 이 법의 이름도 레몬법이 된 것이다.

한국에서 이 법이 도입된 것은 많은 세월이 흐른 뒤였다. 산업화 시대를 거치면서 우리나라는 노동 인권만큼이나 소비자 보호 조치에 대해 소홀히 해왔다. 공정거래위원회나 소비자보호원 등이 기능을 해왔지만 소비자들에 대한 직접적인 구제 조치에 관심을 가진 것은 그리 오래되지 않았다. 이른바 '한국형 레몬법'이라고 해서 미국과 비슷한 법이 시행된 것은 2019년 1월 1일이 되어서였다.

2018년 국내 완성차 시장을 뒤흔들었던 BMW 화재 사태 등 굵직한 사건이 발생한 뒤 떠밀리듯 법이 시행되었다. 당시 법은 신차 구매자는 구매 1년, 주행거리 2만 킬로미터 이내에서 반복적으로 결함이 발생할 때 차량에 대한 환불이나 교환을 받을 수 있게 했다. 조건은 중대 하자 2회와 일반 하자 3회로 되어 있다.

하지만 제도가 도입된 후 한참 동안 제도는 유명무실했다. 2021년 8월, 현재 한국형 레몬법 요건에 해당되는 자동차 하자 반복 사고는 1,000건이 넘었는데 실제 환불·교환까지 진행된 사례는 벤츠 차량 1건뿐이었다. 지금은 많이 늘었지만 상당수 수입차 업체들은 한국형 레몬법 시행 후 서면계약에 반복 하자 시 교환·환불을 하겠다는 내용을 넣지 않고 있다.

2022년 4월 18일 정우택 국민의힘 의원 자료에 따르면 한국형 레몬법 적용을 받아들인 국내 판매 자동차 업체는 현대기아차, 벤츠, BMW 등 19개 사에 이르지만, 중국을 비롯한 일부 국가 수입 차량은 여전히 포함되지 않고 있다. 그나마 시행 초기와 달리 2019년 1월부터 올해 3월까지 3년여 동안 레몬법 조항에 따라 완료된 교환·환불 건수가 74건, 보상·수리가 282건이었으니 더디지만 조금씩 진척이 되는 것은 다행이다.

하지만 여전히 자동차안전·하자심의위원회 중재 절차가 수개월에서 1년까지 걸리고 판정이 나면 항소가 불가능하다는 점 등을 보면 한국에서 소비자들은 말로만 '왕'이라는 현실에서 벗어나지 못하고 있는 것 같다.

우리 동네 부동산은 일요일이면
왜 문을 다 닫을까?

|

많은 사람이 시장경제의 적으로 독과점과 담합을 얘기하지만 실상 우리 주변에는 법망을 피해 가면서도 교묘하게 담합의 울타리를 구축하는 경우가 비일비재하다. 그 속에서 가격 형성 과정은 비틀어진다. 또한 소비자들은 정당한 소비와 경제 행위를 할 수 있는 권리를 박탈당하게 된다.

한때 언론지상을 뜨겁게 장식했던 액화천연가스LPG 담합 행위에 대해 공정거래위원회가 엄청난 과징금을 매겼었다. 이는 그들만의 담합에 의해 자연스러운 가격 형성 과정이 차단되고, 이로 인해 일반 소비자들에게 피해를 전가했다는 판단에 따른 것이었다.

이토록 문제가 많음에도 우리 주변에는 여전히 소비자들이 '왜 그러지?'라는 의문만을 품은 채 별다른 저항도 못하고 마냥 불편함을 안고 살아가는 경우가 허다하다. 결혼 15년 차인 H는 얼마 전 이사 갈 집을 알아보기 위해 아예 휴가를 냈다. 회사에 할 일이 산더미처럼 쌓여 있어 도무지 집을 알아볼 시간이 없었기 때문이다.

그런데 이상한 것은 동네 부동산 중개업소들이 일요일만 되면 모조리 문을 닫는 것이었다. '부동산도 쉬는 날은 있어야겠지' 하면서도 도무지 이해가 가지 않았다. 왜 하필이면 사람들이 집을 구하는 데 가장 편리한 일요일에 문을 걸어 잠 글까?

사실 우리 주변에서는 H와 같은 의문을 품는 사람이 한둘이 아니지만, 대부분은 의당 그러려니 하고 넘어가고 만다. 시간은 돈이고, 어느 집을 선택하느냐에 따라 수천만 원이 왔다 갔다 할 수도 있는데 말이다. 소비자 입장에서는 자기가 선택할 수 있는 시간의 권리를 눈뜨고 빼앗기고 있는 것이다.

부동산 중개업소들은 왜 일요일만 되면 하나같이 문을 닫는 것일까? 공정거래위원회가 조사해 봤더니, 주범은 바로 부동산 중개업소 친목회에 있었다. 이들은 부동산 중개사업자 단체를 의미하는데, 지역 내 업소들이 만들어 낸 일종의 영업 네트워크라 할 수 있다.

어느 단체라도 마찬가지겠지만 부동산 중개업소 친목회 역시 여기에 속한 구성 사업자, 즉 회원들을 대상으로 나름의 회칙을 두고 있다. 그런데 이 회칙에 일요일이면 모든 중개업소가 한꺼번에 쉬는 이유가 담겨 있다.

회칙에는 일요일에는 영업하지 말 것, 회원이 아닌 중개업소와는 공동 중개*를 하지 말도록 하는 내용 등이 강제 의무로 부과되어 있다.

회칙엔 심지어 부동산 중개수수료를 깎아주지 말도록 하는 내용도 담겨 있다. 중개업소들의 단합을 위한 친목회가 아니라 일종의 '짬짜미 모임'이 된 것이다.

　중개업소들은 여기에 가입하지 않고는 정상적인 영업 자체가 불가능하다. 그래서 대부분은 울며 겨자 먹기로 가입할 수밖에 없다. 일종의 기득권 세력이 된 사업자 단체에 가입하지 않으면 회원이 된 중개업소들과 정보 공유가 제대로 이루어지지 않기 때문이다. 비회원들은 부동산 거래 정보 공유가 불가능하다. 당연히 다른 중개업소에 나온 매물들을 알지 못하면 중개 자체가 불가능해진다.

　결국 단체에 가입하고 나면 중개업소들은 회칙에 따라 일요일 영업 금지 등이 부과되고, 이를 어기게 되면 벌금이 부과되는 식의 제재를 받게 된다. 단순한 제재뿐만 아니라, 같은 지역에 있는 다른 중개업소들로부터 왕따 취급을 당한다. 사실상의 사업 활동 제한 행위가 광범위하게 벌어지고 있는 셈이다.

　그런데 이상한 일이다. 정부의 행정조치가 내려지더라도 일요일에 문을 여는 부동산 중개업소를 좀처럼 찾아보기 어

● 　매도 의뢰자를 확보한 중개업자와 매수 의뢰자를 확보한 중개업자가 공동으로 중개하고 중개수수료를 배분하는 방식

려우니 말이다. 부동산 중개업소뿐만이 아니다. 우리 주변엔 이처럼 담합의 선상에 서 있는 것들이 참으로 많다. 세상이 첨단화되면서 모든 유통이 온라인화되고 새벽 배송이 일상이 됐는데 소비자들과 가장 밀접한 부동산 업체들의 짬짜미는 변하지 않으니 답답할 노릇이다. 이런 상황에서 '대형 부동산 플랫폼'에 맞서 동네 중개업소들이 언제까지 경쟁력을 유지할 수 있을지 의문이다. 순진한 소비자들은 담합의 정밀한 사슬이 본인에게 어떤 영향을 미치는지도 모른 채 알뜰한 살림살이를 위한 힘겨운 발걸음을 이어가고 있다.

맞벌이의
경제학

I

2022년 2월 한국경제에 '대기업 사내 결혼의 놀라운 효과'라는 제목의 흥미로운 기사가 올라왔다. 고소득자 간 결혼이 소득 불평등 격차를 키우는 주요 요인으로 작용하고 있다는 연구 결과가 나왔다는 게 골자였다.

한국개발연구원KDI과 미국 브루킹스연구소Brookings Institution가 공동 출간한《패러다임 변화: 디지털 경제의 성장, 금융, 일자리 및 불평등》의 마지막 챕터를 박정수 서강대 경제학과 교수가 맡아 20년^{1996~2016년}간 한국 사회에서 악화된 소득 불평등 현상을 분석한 내용이었다.

조사 기간 지니계수^{Gini coefficient}는 가계 기준 1996년 0.270, 2006년 0.312, 2016년 0.323으로 올라갔다. 지니계수는 0과 1 사이에서 수치가 높을수록 소득 분배의 불평등 정도가 심하다.

흥미로운 점은 가장의 소득을 기준으로 한 지니계수는 1996년 0.120에서 2006년 0.187로 높아졌다가 2016년에는 0.177로 오히려 불평등 수준이 완화됐다는 점이다. 그렇다면 전체 지니계수가 벌어진 이유는 무엇일까?

원인은 배우자에게 있었다. 배우자 소득의 지니계수는 1996년 0.032에서 2006년 0.046을 거쳐 2016년 0.065로 상승했다. 20년 사이 배우자의 소득 격차가 두 배로 벌어진 것이다. 2016년 한국보건사회연구원의 〈생애주기별 소득, 재산의 통합 분석 및 함의〉 보고서 결과에서도 비슷한 흐름이 발견된다. 전체 가구 평균이 100일 때 청년 독신 가구의 가처분소득은 2003년 71.6에서 2011년 67.6으로 떨어졌는데, 같은 연령대 부부 가구의 가처분소득은 108.2에서 132.3으로 늘었다. 이유는 바로 대기업 사내커플 등과 같은 고소득자 간 혼인이 불평등을 확대시켰다는 것이다.

이처럼 월급쟁이들에게 맞벌이는 어쩌면 꿈이고, 누구나

소망한다. 집값이 천정부지로 뛰고 교육비도 혼자서는 감당할 수 없으니 맞벌이는 어쩔 수 없는 선택이다.

3년 전 결혼한 D는 직장생활 10년 넘게 족히 100번은 소개팅을 했을 것이다. 영업 분야에서 일하다 보니 술 마시는 일이 잦았지만, 그래도 워낙 흐트러진 삶을 싫어하는 성격이다 보니 재무적으로는 제법 튼실한 살림을 꾸려왔다.

직장생활 초기부터 꾸준히 정기적금을 들었다. 4,000만 원이 조금 넘는 연봉에 매달 200만 원이 넘는 돈을 적금과 펀드 등에 가입해 차곡차곡 모았다. 큰돈은 아니지만 노후를 대비하기 위해 월 10만 원씩 개인연금도 들었다.

D는 그래도 일찍 결혼한 친구들을 보면 부러웠다. 단란한 가정생활도 그랬지만, 둘이 함께 벌면 얼마나 좋을까 하는 생각으로 가득했다. 자신의 연봉을 고려하면, 둘이서 적어도 월수입 600만 원은 될 수 있을 것이고, 그러면 400만 원 이상 적금을 들 수 있을 것이다. 그러면 아내와 함께 모은 돈을 갖고 아파트 한 채 마련할 수 있지 않을까…….

드디어 꿈에 그리던 결혼! 남들보다 힘들게 결혼했지만, 아내는 얼굴도 예쁘고 어엿한 직장까지 갖고 있었다. 이 부부는 누구보다 예쁘게 살았다. 주말이면 아내와 영화도 보고, 외식도 했다. 비싸지는 않았지만, 아내에게 가끔 옷도 사주고 신발과 보석도 사줬다. 결혼 전엔 상상도 할 수 없는 일이었다. 짠

돌이라는 별칭이 말해주듯이 필요한 곳 외에는 절대 돈을 쓰지 않던 사람이기 때문이다.

그뿐인가. D는 양가 부모님에게 매달 용돈도 부쳐드렸다. 아내는 결혼 후에 인생관이 확 바뀐 남편의 모습에 흐뭇한 미소를 지었다. 그렇게 신혼생활 6개월이 지났을 때, 그들 부부는 그동안 모은 돈을 보고 소스라치게 놀랐다. 6개월 동안 둘이서 모아둔 돈이 고작 1,000만 원에 불과했던 것이다.

결혼 전보다 모은 돈이 오히려 적다니, 그렇다고 낭비를 한 것도 아닌데 말이다. 결혼 전에 그토록 꿈꿨던 맞벌이의 꿈이 이렇게 허무하게 사라지다니, 이게 웬 악몽인가 싶었다.

흔히들 맞벌이는 '꿈의 화음'이라고 한다. 특히나 고액 봉급생활자들이 모이면 '작은 중소기업'이라고까지 표현하기도 한다. 하지만 현실은 그런 이상과는 아주 많이 다르다. 맞벌이에 '1+1=2'라는 등식이 적용되는 경우는 사실상 거의 찾아보기 어렵기 때문이다.

2004년에 세계적인 반향을 일으켰던 미국 하버드 법대 엘리자베스 워런Elizabeth Warren 교수와 그의 딸 아멜리아 워런 티아기Amelia Warren Tyagi가 쓴 《맞벌이의 함정The Two-Income Trap》이라는 책은 맞벌이 부부가 빠지는 덫이 무엇인지를 잘 보여준다.

워런 교수는 맞벌이 가정이 항상 파산의 위험에 노출되어 있다고 말한다. 자녀를 위해 남들보다 더 좋은 학군으로 이사하려 하고, 이를 위해 빚을 지더라도 더 좋은 집을 사려 한다. 둘이서 돈을 버는데 이자 정도는 낼 수 있을 것이라 자신하기 때문이다.

자동차를 구입할 때도 할부로 팍팍 사고, 전자 제품을 살 때도 쉽게 신용카드를 긁는다. 외벌이 가정은 엄두도 내지 못하는 일을 맞벌이이기 때문에 선뜻 결행하는 것이다. 여기에 외식비, 여가활동비, 해외여행비 등이 추가되면서 맞벌이 가정의 전형적인 소비 유형이 굳어진다.

맞벌이가 되는 순간, 그 부부는 이미 자신을 중산층이라고 생각하기 쉽다. 맞벌이의 함정은 바로 여기서부터 발생한다. 부부의 수입이 많다 보니 지출에 대한 부담을 덜 느끼는 것이다. 자식이 있는 사람은, 주택은 물론이고 교육비에 대해서도 외벌이보다 훨씬 많은 돈을 쓴다.

그런데 문제는 여기서 그치지 않는다. 만에 하나라도 한쪽이 직장을 그만뒀다 치자. 과연 그들은 지출을 절반으로 줄일 수 있을까. 대답은 'NO'이다. 그들에게는 이미 고정 비용이 너무나 많이 생겼다. 주택 담보대출은 만기가 워낙 길어 계속 갚아나가야 하고, 그렇다고 자식 때문에 이사하기도 쉽지 않다.

교육비를 줄이는 일도 불가능하다. 자신들이 굶을지언정, 자식 교육은 남들보다 더하고 싶은 게 인지상정이다. 맞벌이를 하는 통에 부모가 집에 없으면 아무래도 아이들 교육에 좋지 않기 때문에 될 수 있으면 학원에 많이 보내게 된다. 그래서 어쩔 수 없이 신용대출도 하고, 나중에는 현금서비스까지 받게 된다.

워런 교수의 분석은 한국 사회에서 더하면 더했지 덜하지 않다. 한국은 세계 어느 나라보다도 자식 교육에 많은 돈을 쓰고, 집을 장만하기 위해 감당하기 어려운 빚을 지는 탓이다.

그렇다면 맞벌이 가구가 자기도 모르는 사이에 빠지는 소비의 함정에서 벗어나려면 어떻게 해야 할까? 워런 교수는 이에 대한 힌트를 준다. 그는 맞벌이 가정이라면 평소에 부부 중 한쪽만의 소득으로 살아갈 수 있는지 점검해야 한다고 권고한다. 특히 경기가 안 좋을 때는 한 사람이 직장을 그만둘 위험이 그만큼 커지므로 이를 위해 고정비를 최대한 줄이고, 보험에 가입하며, 장기 할부는 가급적 피해야 한다고 충고한다. 저축을 늘리는 것은 당연하다.

워런 교수는 무엇보다 한쪽의 실직에 대비해 지출 계획을 세우는 게 필요하다고 말하면서, 적어도 6개월 소득에 해당하는 자금을 당장 현금화할 수 있도록 확보하라고 권유한다. 맞벌이 가정의 지출 구조를 변화시키는 데는 최소한 6개월 가까운 시간이 걸린다는 것이다.

결국 지출을 줄이는 기간에 쓸 수 있는 비상금을 확보하기

위해 외벌이 가정보다 2배 이상의 여유 자금을 준비해야 한다
는 게 맞벌이에 성공한 선배들의 충고이다. 개미와 베짱이의
우화가 가르쳐 주듯, 인생은 여유가 있을 때 비축 식량을 최대
한 쌓아놓아야 한다.

머니
코드
3

세금

몰라서 내고, 알고도 못 찾는 돈

세금은 우리 몸에 접착제처럼 따라다닌다. 그렇지만 나라에 어느 정도 세금을 내고 있는지를 알고 있는 사람은 드물다. 엄청난 세금의 종류를 알게 되면 눈이 휘둥그레질 것이다. 돈을 벌었을 때는 소득세를 내고, 물건을 살 때는 부가가치세를 내며, 부동산을 보유하고 있으면 재산세를 내는 등 그 종류만 해도 30여 개에 이른다.

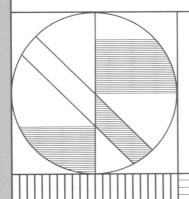

1 세금이 당신의 목을 죄고 있다
2 이상한 세금, 수상한 세금
3 검은 돈, 잃어버린 돈

세금이
당신의 목을 죄고 있다

당신은 하루에

얼마의 세금을 내고 있는가?

ㅣ

루이 14세 시절 프랑스 정부의 재상이었던 콜베르Jean Baptiste Colbert는 이렇게 말했다.

"세금을 걷는 기술은 거위 털을 뽑는 것과 같다. 거위의 비명을 줄이면서 털을 많이 뽑는 것이 중요하다."

거위로 하여금 소리를 적게 지르게 하면서 털을 뽑듯이, 세금도 국민이 고통을 느끼지 않게 거둬들여야 한다는 말이다.

당시는 베르사유 궁전을 신축하고 전쟁을 치르느라 세금이 어느 때보다 많이 필요했던 시대였지만, 이는 현재를 사는 우리에게도 낯설지 않은 말이다.

어느 나라나 마찬가지겠지만, 우리나라 역시 나라 곳간이 부족하다는 이유로 세금을 조금이라도 더 거둬들일 방법을 찾으니 말이다. 콜베르의 말을 반대로 해석하면, 대다수의 국민은 자신이 알지 못하는 사이에 세금 폭탄 세례 속에서 살고 있다는 뜻이기도 하다.

팍팍한 삶에 지쳐 살아가면서도 정작 자신이 나라에 어느 정도 세금을 내고 있는지를 알고 있는 사람은 드물다. 심지어 자신이 하루 동안 내는 세금을 꼬박꼬박 계산하면서 사는 사람은 없을 것이다. 그렇게 살다가는 피곤해서 지레 나가떨어질 테니 말이다.

실제로 세금에 대해 정확하게 알지 못하는 사람들이 많다. 1년에 자기가 내는 세금이라야 고작 월급이 나올 때마다 떨어져 나가는 정도, 그리고 집이나 자동차를 가진 사람들은 1년에 두 차례 나오는 재산세 정도가 고작인 것으로 알기 십상이다.

실상 엄청난 세금의 종류를 알게 되면 사람들은 눈이 휘둥그레질 것이다. 돈을 벌었을 때는 소득세를 내고, 물건을 살 때는 부가가치세를 내며, 부동산 등을 보유하고 있으면 재산세를 내는 등 직접적 혹은 간접적으로 내는 세금의 종류만 해도 30여 개에 이른다.

하물며 복잡한 세금용어를 단 10%라도 알고 있는 사람조차 별로 없을 것이다. 세금을 주제로 기사를 쓰는 경제부 기자들조차도 '부가가치세'와 '부가세'의 개념 차이를 모르는 이들이 태반이다. 도대체 국세는 뭐고, 지방세는 무엇인가? 보유세는 무엇이고, 거래세는 또 무엇이란 말인가? 이렇게 한참 열거하다 보면, 아예 머리가 아프다며 손사래를 치는 사람들이 태반이다.

유식하다고 자부하는 사람이라야 기껏 1년에 한 번 신문기사에 등장하는 1인당 세금 부담 내용을 보면서 '이쯤 되겠군' 하고 생각하는 정도일 것이다. 하지만 한 해 동안 국민 한 사람이 내는 세금을 모두 합한 금액을 알게 되면 놀라지 않을 사람이 없을 것이다.

윤석열 정부의 초대 경제부총리인 추경호 국민의힘 의원이 2021년 6월 각 기관으로부터 받은 국세·지방세^{집정치}·사회보장기여금 자료를 분석한 결과를 보면 2020년 기준 총 국민부담액은 527조 7,000억 원에 달했다. 이를 당시 인구수^{5,178만 1,000명}로 나누면 1인당 국민부담액은 1,019만 997원에 이른다.

국민 한 사람이 세금과 4대 보험, 연금 등의 명목으로 나라에 낸 돈이 지난해 1,019만 원에 달한 것이다. 1인당 조세 부담액이 729만 4,181원, 1인당 사회보장기여금 부담액이 289만

6,815원이었다.

국민부담액은 국세 및 지방세^{조세 총액}와 사회보장기여금 등 국민이 나라에 낸 돈을 합해 계산한다. 사회보장기여금에는 4대 공적연금[*]과 보험^{**}의 기여금·보험료가 포함된다. 추경호 의원이 2020~2024년 국가재정운용계획과 중기지방재정계획, 국회예산정책처 4대 공적연금 장기재정 전망, 연금·보험 관련 각 기관 전망 등을 통해 분석한 결과 2024년 총 국민부담액은 632조 원에 이르고, 1인당 국민부담액은 1,218만 원까지 올라간다.

조세와 사회보장기금을 합한 국민부담액 증가 속도는 다른 나라와 비교할 때 이미 최고 수준을 달리고 있다. 한국의 2015~2019년 국민부담률은 3.7% 포인트가 증가해 경제협력개발기구^{OECD}의 평균 증가율^{0.5% 포인트}을 훌쩍 뛰어넘고 증가 속도 역시 가장 빠른 것으로 나타났다.

그나마 세금의 총량으로만 계산하면 현실감이 다소 떨어질 것이다. 대한민국의 평범한 직장인이 하루에 내는 세금을 알게 되면 아마도 국민 대다수는 현기증이 나는 걸 참을 수 없을 것이다. 올해로 마흔 줄에 들어선 G의 경우를 보자.

_*   국민연금·공무원연금·군인연금·사학연금
_{**} 건강보험·고용보험·산업재해보험·노인장기요양보험

소규모 금융회사에 다니는 그의 연봉은 5,000만 원을 조금 넘는다. 같은 직종에 다니는 다른 사람들에 비해서는 적은 연봉이지만, 여우 같은 아내와 토끼 같은 자녀 둘을 두고 있어서 행복하다. 그의 아침은 여느 직장인과 같다. 아침에 일어나자마자 전날 마신 폭탄주로 머리가 지끈거리지만 옆방에서 자고 있는 아이들을 생각하면 금세 얼굴에 화색이 돈다.

그리고 이내 출근 준비를 하기 위해 화장실에 들어간다. 끓는 배를 참을 수 없어 큰일부터 보기로 했다. 현관에 놓인 신문을 들고 와서 부스스한 눈으로 뉴스를 들여다본다. 일을 서둘러 끝낸 후 칫솔에 치약을 올려 이를 닦고, 간단하게 샤워를 한 뒤 옷을 갈아입기까지 30분가량이 걸린다. 그런데 그는 그렇게 출근 준비를 하는 사이에 벌써 집안 구석구석에 세균처럼 붙어 있는 세금을 왕창 내고 말았다.

큰일을 보면서 사용한 두루마리 화장지부터가 세금의 시작이다. 이날은 숙취 탓에 화장지도 다른 날보다 많이 썼다. 그리고 이를 닦으면서 쓴 칫솔과 치약, 샤워를 하면서 쓴 바디워시와 샴푸까지……. 마흔을 넘기면서 머리가 자꾸 빠져버리는 통에 비싼 탈모 샴푸를 쓰는 만큼 여기에 붙는 세금은 더 많다.

G는 이렇게 일어난 지 30분도 안 되어 벌써 세금의 홍수 속에서 살고 있다. 한결같이 10%씩의 부가가치세가 붙어 있

으니 말이다. 이어서 아내가 차려준 아침 밥상. 시골에서 부모님이 반찬을 보내주시지만 포장된 김과 몇몇 반찬에는 역시 세금이 양념처럼 붙어 있다.

주섬주섬 옷을 입고 지하 주차장에 들어선 순간에도 세금은 줄줄 샌다. 자기 능력에는 버겁지만 얼마 전 큰맘 먹고 산 은색 승용차가 멋들어지게 서 있다. 하지만 차에 올라탄 순간, 그는 '세금 먹는 하마'와 함께하게 된다. 사람들이 흔히 말하는 것처럼 차를 한 대 굴리는 것은 말 그대로 어린아이 한 명을 키우는 것과 같다.

그는 당장 자동차세로 하루 평균 1,500원이 넘는 세금을 낸다. 1년에 두 번씩 내는 세금인지라 자동차세는 거의 계산하지 않게 되지만, 하물며 차를 놓고 지하철을 타고 다닐 때조차 꼬박꼬박 세금은 내야 한다. 일주일에 하루밖에 타지 않는데 무슨 세금을 이렇게 걷느냐고 따져봤자 괜한 스트레스만 쌓인다.

그뿐인가. 얼마 전 자동차를 살 때 낸 등록세^{취득액의 5%}, 취득세^{2%}, 심지어 취득액의 20%에 이르는 도시철도공채까지, 게다가 자동차에 여지없이 붙는 개별소비세^{옛 특별소비세}, 그리고 부가가치세와 교육세도 따라붙는다. 이렇게 해서 그가 내는 추가 세금만 하루 동안 어림잡아 2,000원에 이른다.

자동차를 타고 회사까지 가는 길에도 세금은 어김없이 따라붙는다. 집에서 회사까지는 15킬로미터 정도로, 왕복으로 따지면 30킬로미터이다. 그가 하루에 쓰는 휘발유는 2리터가 훨씬 넘고, 차가 막힐 때는 그 양이 훨씬 더 된다.

하지만 휘발유에 붙는 세금은 자동차 저리 가라다! 우리나라에서 기름은 말 그대로 세금 덩어리로, 기름을 세금이란 무형의 형체로 만들었는지 궁금할 정도이다. 기름에 대한 세금은 '유류세'라 불리는데, 여기에는 교통세, 주행세, 교육세, 부가가치세 등 4가지의 세금이 붙는다. 정액제인 교통세와 교육세_{교통세의 15%,} 그리고 주행세_{교통세의 26%}가 그것이다. 그뿐이 아니다. 이들 세금과 정유사의 세전 평균 판매가를 모두 더한 금액의 10%가 부가세로 매겨진다.

유류세는 우리나라 세수에서 엄청난 비중을 차지한다. 국세에서 차지하는 비중만 10%를 넘으니 말이다. 유가가 폭등할 때 그토록 유류세를 내리라고 해도 정부가 버티는 이유가 여기에 있다.

코로나19 여파로 인플레이션이 최고 수준으로 치닫고 러시아의 우크라이나 침략전쟁 여파로 기름값이 리터당 2,000원을 웃돌던 2022년 초, 정부가 물가 대책의 핵심으로 내놓은 것이 유류세 인하인 것을 보면 나라 곳간에서 이 세금의 비중이 어느 정도이고 국민들에게 얼마나 큰 영향을 주는지 단숨에 알 수 있다. 하지만 인플레이션이 조금 진정되면 가장 먼저 유류세를 제자리로 올릴 것이다.

어찌 되었든 어렵게 도착한 회사. G는 한숨 돌리기 위해 커피 한 잔에 담배를 한 대 물었다. 커피에 붙는 세금 외에도, G는 사실 입으로 세금을 피우고 있다고 할 정도로 납세 의무를 다하고 있다.

이 중 가장 황당한 것이 개별소비세이다. 본래 개별소비세는 사치성 물품의 소비를 억제하고 제정 수입의 확대를 꾀하기 위해 자동차, 귀금속, 유흥업소 등 사치재에 과세하는 세금이다. 그런데 서민들이 힘들 때 고단함을 달래는 담배에 이 세금을 부과하다니, 이를 알면 울화통이 치민다.

그렇다면 담배에 붙는 세금은 얼마나 될까? 4,500원 담배 가격 기준으로 세금의 구성은 개별소비세^{594원}+담배소비세^{1,007원}+지방교육세^{443원}+건강증진부담금^{841원}+폐기물 부담금^{24원}+부가세^{409원}=3,318원에 이른다.

판매가 대비 73.7%가 세금인 셈이다. 흡연자는 국가재정$^{개별소비세, 부가세}$, 지방재정^{담배소비세}, 지방교육재정^{지방교육세}, 국민증진부담금 및 폐기물부담금 등 온갖 종류로 기여하니 담배 피우는 사람이 진정한 애국자라는 소리까지 나오는 이유다.

정신없이 오전 일과 시간을 보낸 뒤 해장을 하기 위해 찾은 북엇국집. 한 그릇에 10,000원을 냈는데 여기서도 영락없이 부가세는 나간다.

점심을 먹고 난 후 이메일을 열자 월급명세서가 보인다. 반가운 마음도 잠시, 봉급쟁이의 월급봉투는 유리알이라고 했던가? 그의 명세표에는 온통 세금 덩어리이다. 국민연금이야 은퇴 후에 받는다 치자. 하지만 이 또한 얼마나 제대로 받을지 장담할 수 없다. 외에도 온갖 세금이 덕지덕지 붙어 있다.

평달에는 갑근세^{갑종근로소득세} 158,200원에 주민세 15,820원, 의료보험 118,140원, 국민연금 162,000원, 고용보험료 14,090원, 노인장기요양보험 7,730원까지 붙어 있다. 보너스 달에도 고용보험료와 갑근세, 주민세는 여지없이 따라붙는다. G가 이렇게 해서 지난해에 낸 세금은 국민연금, 의료보험, 고용보험 등을 제외하고도 소득세 3,418,000원, 주민세 341,800원^{연말 환급 전} 등 3,759,800원이었다. 하루로 따지면 각종 연금과 의료보험 등을 제외해도 10,300원꼴로 세금으로 바친 셈이다.

하지만 그에게는 세금 먹는 하마가 또 다른 모습으로 기다리고 있다. 하루 일과 후 그를 기다리는 술이다. 사실 술은 정말 세금 덩어리로, 담배가 세금을 피우는 것이라면 술은 세금을 마시는 것이다.

술은 공장 출고가에 세율을 곱해 세금을 매기는데 맥주와 소주, 위스키는 모두 세율이 72%이다. 출고 원가에 주류세, 교육세^{21.6%}, 부가세를 합치면 출고 원가의 약 1.13배에 이르는 세금이 붙는다. 소주에 맥주, 그리고 섞어서 폭탄주까지 그는 이날 세금으로만 줄잡아 20,000원 가량을 바쳤다.

자정이 다 되어 돌아오는 길. 대리운전을 하고 집에 돌아온 그는 자신이 몇 년 전 어렵게 장만한 전용면적 105.6제곱미터³²평의 아파트를 보면서 다시 한 번 뿌듯함을 느꼈다. 하지만 행복을 가져다주는 그의 집도 세금을 잡아먹기는 마찬가지다.

그가 집을 사면서 낸 세금은 취득세와 등록세, 그리고 여기에 따라붙는 다양한 세금들을 포함해 5,000만 원이 넘었다. 그가 낸 등록세에는 지방교육세와 농어촌특별세가 '부가세'라는 이름으로 꼭 따라붙는다. 농촌 출신이지만, 서울에 집을 사면서 농어촌특별세를 왜 추가로 내야 하는지는 답이 나오지 않는다. 여기에 인테리어를 하면서 낸 세금까지 더하면 계산하기도 쉽지 않다.

그뿐인가? 1년에 두 번씩 꼬박꼬박 재산세가 나온다. 공시지가라는 괴물이 해마다 오르는 통에 정확한 금액을 특정하기도 쉽지 않다. 아무튼 재산세로만 내는 세금이 수백만 원을 넘는다. 오죽하면 20대 대선을 앞두고 야당의 윤석열 후보는 물론 집권 여당인 민주당까지 공시지가를 1~2년 전 수준으로 환원한다는 '파격적인' 약속을 하고 나섰을까.

여기까지라면 그나마 다행이다. 그는 자신도 모르는 수많은 세금들에 포위되어 있다. 당장 그가 쓰는 휴대폰 요금에도 여지없이 세금은 따라붙는데, 지난달 46,000원의 이용료를 낸 휴대전화 요금에 따라붙은 부가세는 4,600원이었다.

여기서 주목할 것이 하나 있다. 바로 공짜 휴대폰이다. 공짜로 기계를 바꿔주면서 휴대폰 대리점들은 하나같이 월 45,000원, 또는 55,000원짜리 요금제를 택하라고 권한다. 공짜 휴대폰의 필수조건인 셈이다. 하지만 이는 틀린 것이다. 이용자들이 실제로 내는 돈은 45,000원짜리 약정의 경우 49,500원이니 말이다. 이유는 간단하다. 부가가치세 10%를 더해야 하기 때문이다.

이게 다가 아니다. 아내의 휴대폰에도 아들의 휴대폰에도, 좌우지간 폰이라는 이름이 들어 있는 것에는 모조리 부가가치세가 붙어 있다. 여기에 집안을 가득 채운 각종 전자 제품을 살 때 따라붙었던 어마어마한 개별소비세까지 포함한다면 가히 '세금이 당신의 목을 죄고 있다'라고 표현해도 지나친 말은 아닐 것이다.

억지라고 생각할지도 모르지만, 매일매일의 세금을 정말로 정확하게 계산해 보고 싶다면 이들 제품을 살 때 냈던 개별소비세와 제품이 닳아 없어지는 만큼의 감가상각분을 고려한 일별 세금을 단돈 몇 원이라도 계산하는 게 옳다.

이렇게 우리네 서민들이 하루를 살아가는 일은 세금과 함께한다고 해도 과언이 아니다. 어쩌면 G가 하루 동안 내는 세금을 계산하는 일 자체가 부질없는 일인지도 모른다. 하지만 적어도 자기도 모르는 사이에 세금의 수렁 속에서 살고 있다는 사실 자체는 알 필요가 있다.

여기엔 한 사람의 예외도 없다. 하물며 운동선수가 올림픽에 나가서 좋은 성적을 올려 포상금을 받아도 세금의 태클은 빠짐없이 가해진다. 현행법상 프로 선수는 사업 소득, 아마추어 선수는 기타 소득으로 분류되는데 사업 소득은 총액의 3.3%를, 기타 소득은 총액의 4.4%를 세금으로 내야 한다. 심지어 이들은 소속회사에서 받는 격려금에 대해서도 세금을 내야 한다.

이들에게 붙는 세금이 여기서 끝났다고 생각한다면 또 한번 방심하는 것이다. 포상금과 별도로 이듬해 5월에 1년간 소득*을 합산해서 종합소득세를 신고하게 되는데, 이때 포상금도 포함해서 신고해야 한다. 결국, 나라를 위해 훌륭한 일을 했다고 세금을 면해줄 것으로 생각한다면 대단한 착각이다. 만사에 '소득 있는 곳에 세금이 있다'는 법칙은 세상이 아무리 변해도 사라지지 않는다.

세금은 이렇듯 우리 몸에 접착제처럼 따라다닌다. 오죽하면 '세금해방일'이란 말이 다 있을까. 세금해방일은 국민이 세금을 내기 위해 1년 중 얼마나 일을 하고 있는지를 알아보는 것으로, 세금을 내지 않으면서 순수하게 소득을 벌어들이는 날이 얼마나 되는지를 따져보는 방법이기도 하다.

방식은 그리 어렵지 않다. 국세와 지방세를 합한 조세 총액을 국민순소득NNI으로 나눈 뒤에 연간 일수에 대비하는 방식으로 계산하면 된다. 세금해방일은 조세총액을 국민순소득으로 나눈 조세부담률을 연간 일수로 나눠 산출한다. 2021년의 경우 조세총액 436조 2,784억 원에 한국은행 발표 국민순소득 1,612조 9,996억 원으로 27.05%라는 조세부담률이 산출되었고 이를 365일 기준으로 나눠 98일이 산출되었다.

이렇게 해서 2021년의 세금해방일은 4월 9일로 나온다. 365일 가운데 98일은 나라를 위해 일하는 시간이었고 4월 10일부터 벌어들인 수입이 온전히 자신의 것이라는 얘기다. 문재인 정부 들어서 18일이 늦춰지는 등 갈수록 늦어지고 있다. 그나마 북유럽 국가들에 비해선 엄청 빠르다는 것에 위안을 삼아야 할 판이다. 기본 세금이 수입의 50%를 넘는 스웨덴이나 덴마크 같은 나라는 7월, 8월이 기본이다.

세금은 이렇게 모든 국민의 주머니를 쥐도 새도 모르게 훔쳐내는 가혹한 도구로 작동한다. 납세자들이 자신의 정확한 세금 내용과 쓰임새를 꼬박꼬박 알리려고 든다면 아마도 엄청난 조세 저항운동이 벌어질지도 모를 일이다. 그런 점에서 본다면 차라리 모르면서 사는 게 자신을 위해서도, 국가를 위해서도 좋은 일일지 모른다. 세금에 관해서는 알면 알수록 피곤하기만 하다.

자동차세의 패러독스

|

세금이라는 존재는 그 기원에서 알 수 있듯이 인간의 경제행위를 통해 만들어지는 것이다. 정부가 개개인의 객체에 대해, 그리고 개별적인 활동에 대해 받는 일종의 활동세 개념이라고나 할까? 때문에 경제생활을 꾸려나가는 데 있어서는 무엇보다 투명하고 객관적인 기준이 담보되어야 한다. 세금을 더 걷더라도 정교하고 합리적인 기술이 필요하다는 얘기이다.

조세 정책이 불평등하고, 세금을 매기는 잣대가 조금이라도 이상하면 당장에라도 조세 저항이 일어나기 마련이다. 그 저항은 때로는 엄청난 파동으로 이어지고, 때에 따라서는 국가에 대한 국민 저항과 국가 전복 상황으로 연결되기도 한다. 브라이언 멀로니Martin Brian Mulroney 캐나다 전 총리는 최악에 빠진 국가 재정 문제를 해결하기 위해 1991년 국민 80%의 반대에도 불구하고 '연방 부가세'라는 이름으로 새로운 세목을 도입했다가 2년 후 총선에서 그가 속한 보수당이 2석만 남기고 전멸하는 비운을 맛봤다. 그런 이유로 정부는 하나의 조세정책을 바꾸고 만들기에 앞서 각종 공청회를 거치고, 여론을 통해 최대한 수렴 효과를 거두려고 노력한다.

그럼에도 정부가 구사하는 조세 정책이 모든 국민을 만족시키지는 못한다. 정부가 최적의 함수를 찾는다고 해도, 정밀하게 들여다보면 어디엔가는 모순된 부분이 발견되곤 한다. 국민이 직접 불만을 표출하지 않는다고 해서 그 나라의 조세 정책이 100점짜리라고 여기는 것은 독선이며 오만이다.

그중에서도 자동차에 대한 세금은 언제나 논란거리이다. 자동차가 국민 대다수의 필수품이 되었다는 데에는 재론의 여지가 없지만, 오늘날에도 여전히 사치품으로 여겨지는 고가 상품에 붙는 개별소비세가 매겨진다.

하기야 개별소비세라는 존재는 어느 사이엔가 그 본질이 확 바뀌었다. 이제는 비싼 제품의 소비를 억제한다는 목적보다는 나라 곳간을 채우려는 의도가 더 커진 것이다. 이런 점을 고려한다면 자동차에 개별소비세를 매기는 것 자체를 비판하는 일이 무의미할지도 모른다.

그러나 자동차에 붙는 세금 구조를 보면 상황은 달라진다.

세금이라는 것이 합리성과 보편성을 갖춰야 함에도 불구하고 자동차에 따라다니는 세금의 구조를 보면 쉽게 이해가 가지 않는다. 2,000만 원 대의 국산 승용차에 붙는 세금이 4,000만 원이 넘는 수입차보다 많은, 즉 가격이 싼 상품이 세금을 더 많이 내는 상황만 봐도 그렇다.

우리나라의 자동차 세금, 특히 개별소비세는 오랫동안 배기량을 기준으로 책정되어 왔다. '2,000cc'가 마魔의 기준점이다. 이를 전후해서 2,000cc를 넘는 차량은 공장도가격*의 10%를 특별소비세로 내도록 하고, 2,000cc 이하 차량은 5%만 부과하고 있다.

문제는 여기서 발생한다. 자동차에 붙는 각종 복잡한 산식을 배제하고, 국내에서 팔리는 쏘나타2.0 가솔린 차량과 이보다 2.5배가량 비싼 벤츠 E클래스 사이의 세금은 거의 차이가 없다. 심지어 그랜저는 벤츠보다 가격이 훨씬 싼데도 세금은 더 내야 한다.

이런 불합리한 구조를 바로 잡기 위해 정부가 배기량 대신 연비와 이산화탄소 배출량을 개별소비세 과세의 기준으로 바꾸려 했지만 10년 넘도록 진행이 되지 않고 있다. 그만

---

*   수입차는 운송비와 보험료, 관세 포함

큼 어려운 이유는 바로 통상 마찰 때문이다. 지방세인 자동차세의 경우, 지방정부 차원의 문제이기 때문에 연비로 기준을 바꾼다 해도 문제가 아니지만 개별소비세는 국세인 만큼 외국의 눈치를 봐야 한다.

세금을 연비 기준으로 바꾸는 것을 가장 꺼리는 나라는 바로 미국이다. 친환경을 이유로 이산화탄소 배출량 및 연비로 개별소비세를 매기면 유럽이나 일본보다 상대적으로 연비가 나쁜 미국산 차에 불리할 수밖에 없기 때문이다.

미국은 한미자유무역협정FTA 협상 당시에도 한국의 배기량 기준 세제가 독일이나 일본에 비해 불리하다고 주장한 바 있다. 하물며 이산화탄소 배출량 및 연비 기준으로 바뀌면 더 큰 반발이 불가피하다.

정부가 개별소비세의 기준을 함부로 바꾸지 못하는 이유는 또 있다. 어쩌면 그것은 통상 마찰보다 더 근본적인 이유일지 모른다. 바로 세수 감소에 대한 우려이다. 배기량 2,000cc 이상 승용차에 대해 10%의 개별소비세를 매기는 현행법은 자동차가 말 그대로 사치품이자 사회에 이득이 안 되는 제품으로 인식되던 1977년에 탄생했다.

그로부터 45년이 지난 지금 2,000cc 이상 승용차가 사실상 생활필수품이 되었음에도 그 제도가 그대로 이어지고 있다. 공교롭게도 정부는 구시대의 유물 덕분에 나라 곳간을 채우고 있는 셈이다.

세금을 더 거둬들이고자 하는 기본 속성을 지닌 정부 관료들의 입장에서는 한국인들이 유달리 큰 차를 선호한다는 특성을 간과할 리 없다. 즉 한국인들이 배기량 높은 차를 포기하기는 어려워도 연비가 좋은 차를 선택하는 '합리적 소비'는 충분히 가능하다는 계산이 나온다. 이 경우 자연스럽게 거둬들이는 세금의 양도 줄어들 수밖에 없다는 결론이 나온다.

외견상 정부의 딜레마처럼 보이지만, 어쩌면 정부가 의도적으로 구시대의 유물을 방치하고 있는지도 모른다. 국민은 진정한 이유도 모른 채 정부가 깔아놓은 덫에 빠져 있는 셈이다. 수입차보다 싼 국산차에 세금을 더 내는 형국 말이다.

뛰는 놈 위에 나는 놈이 있다고 했나. 자동차 관련 세금이 워낙 많다 보니 이를 악용하는 사람들도 급증하고 있다. 특히 수입차를 사는 사람 중 상당수가 법인으로 차를 살 경우 세금 혜택을 받는 점을 노린다. 수입차를 법인·사업자 명의로 구매할 경우 경비로 처리, 구입비와 유지비에 대한 세금 혜택을 받을 수 있다.

총소득에서 경비가 제외되기 때문에 과세표준 액수를 낮추고 세금도 덜 낼 수 있다. 법인은 연간 최대 800만 원의 차량 감가상각비를 인정받고, 1,500만 원까지 경비 처리를 할 수 있으며 유류비와 보험료 공제도 가능하다.

2021년 자동차 신규 등록 현황을 보면 국내 판매된 초고가 수입차 10대 중 8대84.8%가 법인·사업자가 구입한 것으로 조사됐다. 국회 예산정책처에 따르면 2022년 3월 기준 법인 명의의 3억 원 이상의 수입차 등록 대수는 5,075대에 달했다. 2016년 1,172대였던 것에 4배나 된 것이다.

회삿돈으로 마련한 비싼 차를 개인 용도로 쓰면서 세금 혜택까지 받는 비정상적 상황은 체납자일수록 심했다. 국세청이 2022년 3월 고액·상습 체납자 584명에 대해 조사한 결과 이들 중 90명은 법인 명의로 장기 임대한 고가 수입차를 타고 다니고 있었다.

회사 문을 닫아 세금을 못 낸다며 '배 째라'를 외치면서 정작 폐업한 회사 이름으로 된 슈퍼카를 몰고 다니고 있으니 모럴해저드moral hazard, 도덕적 해이가 몸에 밴 사람 아닌가. 이런 사례가 얼마나 많으면 20대 대선 당시 윤석열 대통령 후보가 법인 차 번호판에 전용 색깔연두색을 입히겠다는 공약을 내놓기까지 했을까?

어찌 됐든 세제를 악용하는 사람들 때문에 일반 국민들이 피해를 보는 것은 막아야 한다. 미국은 업무용 사용이 명확히 입증될 때만 세제 혜택을 주고 독일과 일본은 업무용 차량을 사적으로 사용하면 차량 사용자에게 소득세를 부과한다. 조세 선진화는 거창한 것이 아니다. 구멍난 곳을 막는 것부터 출발해야 하고, 이것이 조세의 형평성이요 나라 곳간을 채우는 첫 발걸음이다.

흰 우유와
바나나 우유
|

세금은 새로 만드는 일도, 있던 것을 없애는 일도 쉽지 않은 참으로 고약한 존재이다. 하물며 일반적인 생각에 같은 물건이니 당연히 같은 세금이 붙겠거니 하는 것도, 따지고 들면 서로 다른 세금 체계가 작동하고 있어 고개를 흔들게 되기 마련이다.

조세제도의 구조가 워낙 복잡하다 보니 설사 서점에서 파는 세법전税法典에 명시된 법조문조차 모든 것을 정밀하게 설명하지 못한다. 다양한 경제 현상들이 세금에 얽히고설켜 돌아가고 있는 탓이다.

10년 차 주부 N은 얼마 전 우유를 사러 동네 슈퍼에 들렀다가 흥미로운 사실을 발견했다. N은 평소 꼼꼼한 성격 탓에 제품의 원재료 함량 등을 세심하게 비교하면서 물건을 사곤 한다.

아이의 영양 상태를 알뜰하게 챙기는 N은 될 수 있으면 색소나 과즙이 있는 우유보다는 흰 우유를 먹인다. 흰 우유는 원유가 100%지만 바나나 우유나 딸기 우유 같은 가공 우유는 원유 함량이 70~80% 정도에 불과하기 때문에 흰 우유가 조금이라도 영양에 도움이 되리라는 판단에서였다.

그런데 이날따라 유달리 아이가 바나나 우유가 먹고 싶다고 해서 가격을 알아봤더니 흰 우유와 바나나 우유, 딸기 우유까지 모두 가격이 똑같이 표시된 것이었다. 정상적이라면 원유 함량이 많은 흰 우유가 더 비싸거나, 그게 아니라면 색소나 과즙을 넣은 가공 우유가 더 비싸야 할 텐데 말이다.

왜 이런 현상이 발생할까? 정답은 부가가치세에 있었다. 흰 우유는 부가가치세 10%가 면세되기 때문이다. 사실 세법전을 제대로 살펴보지 않는 한 흰 우유는 부가가치세를 면세하고, 바나나 우유 등에 대해서는 부가가치세를 과세한다는 내용을 찾아보기 힘들다.

하지만 눈을 씻고 한 번 더 찾아보면 '미未 가공식료품에 대해 부가가치세를 면세한다'라는 조문이 있고, 바로 여기에 답이 있는 것이다. 다시 말해서 흰 우유는 미 가공식품에 해당하지만 색소를 첨가한 바나나 우유는 가공식품으로 분류되는 것이다.

정상적이라면 원유 함량이 100%여서 재료비가 더 들어가는 흰 우유가 더 비싸야 한다. 우유에서 가장 재료비가 많이 들어가는 것은 원유이기 때문이다. 반면에 바나나 우유는 원유가 덜 들어가기 때문에 비교적 싸야 하는데, 부가가치세 10%를 매긴 결과 가격이 동일해지는 것이다. 더 정확하게 말하자면, 부가가치세가 붙더라도 두 제품에 가격 차이가 나야 하지만 슈퍼에서는 소비자의 편의를 위해 같은 가격으로 표시하고 있는 것이다.

흰 우유와 바나나 우유에 담긴 작은 비밀이 생긴 이유는 이렇다. 우리나라 조세제도가 취하고 있는 면세제도는 일정한 재화, 또는 용역의 공급에 대한 부가가치세의 납세 의무를 면제하게 되어 있다. 이는 주로 저소득층의 부가가치세 부담을 덜어주고, 세 부담의 역진성을 완화하기 위해 기초 생활필수품에 대한 부가세를 면제해 주는 데 따른 것이다.

역진성이란 소득에 따라 세 부담액이 줄어드는 것인데, 세율이 소득 증가에 따라 줄어드는 것을 말한다. 가령 부가가치세 10%를 일률적으로 부과할 경우, 기초 생활필수품에 대한 소비에 고소득층과 저소득층이 동일하게 세금을 부담하게 되어 저소득층의 세 부담이 소득에 비해 커지게 되는 것과 같다. 이를 완화하기 위해 미가공 식품, 즉 화학반응을 일으키지 않는 1차 가공 상태까지의 식료품과 의료보건 용역, 교육 용역 등을 면세 대상으로 하고 있다.

그렇기에 면세 제품인 흰 우유에 바나나 색소 등 가공을 하는 순간 면세 자격을 잃게 되는 것이다. 결국 일반인들 입장에서 쉽게 이해하기 어려운 내용이 법조문 한구석에 들어가 있는데 일상생활에서는 흰 우유와 바나나 우유의 가격으로 나타나는 셈이다.

이처럼 모든 경제 현상들을 세법이 명확하게 담아내지 못하고 있기에 세금과 관련된 논란거리는 그 어떤 분야보다 빈번하게 발생한다. 이러한 사례는 비단 흰 우유에만 국한되는 게 아니다.

2010년 4월, 이번에는 김을 놓고 국세청이 유권해석을 내리는 희한한 상황이 발생했다. 불에 살짝 구운 김이 우유처럼 미가공 식품에 해당되어 부가가치세 면세 대상이 되느냐, 혹은 면세 대상이 되지 않느냐가 주요 쟁점이었다.

관심을 모았던 이 논란의 최종 판결은 '아니다'였다. 자연 상태에서 건조 과정만 거친 '자연 김'은 부가가치세가 면세되지만, '구운 김'은 부가가치세를 매겨야 한다는 게 국세청의 해석이었던 것이다.

문제는 여기서 그치지 않는다. 현행 세법은 가공되지 않은 식료품의 공급에 대해 부가세를 면세하고 있지만, 그 범위에는 많은 제한이 따른다. 원형을 최대한 보존할 정도의 일차적인 가공만을 거친 경우에만 특별히 부가세 면세 혜택을 준다.

특히 해조류의 경우, 자연산은 물론 냉장, 냉동, 염장, 염수장, 또는 건조한 것에 한해서만 면세 혜택을 준다. 김을 예를 든다면 건조한 김을 소금이나 참기름 같은 다른 양념 작업 없이 단순히 굽기만 해도 부가세 면세 대상인 미가공 식료품에 해당되지 않는다는 것이다.

이른바 '두부 과세' 논란도 이와 연결되어 있다. 사실 두부 자체는 흰 우유와 마찬가지로 과세 대상이 아니다. 현행 부가가치세법은 김치나 두부 등 단순 가공 식료품과 본래의 성질이 변하지 않는 정도로 1차 가공한 식품은 부가가치세가 면제된다. 다만 제조 시설을 갖추고 판매를 목적으로 독립된 거래 단위로 포장해서 공급하는 상품은 제외되고, 단순히 운반의 편의를 위해 일시적으로 포장하는 것은 면제된다.

예컨대 포장 콩나물은 미가공 상태로 포장되어 운반의 편리성만 더해지기 때문에 부가가치세가 면세된다. 반면에 포장 김치와 통에 넣어 판매하는 젓갈류, 간장, 된장 등 단순 가공 식료품을 거래 단위로 포장해 팔 때는 부가가치세가 매겨진다. 포장으로 유통기한이 늘어나고 이른바 상품성이 강화되어 상품의 부가가치가 늘어나기 때문이다.

두부 역시 우리가 알고 있는 원래 형태 그대로 판매되어 왔기 때문에 부가가치세가 면제되었지만, 풀무원이 국내 최초로 포장 두부를 만들어 판매하면서 포장 두부의 부가가치세 여부가 쟁점이 되었다. 국세청은 2009년부터 법령해석심의위원회를 여러 차례 개최해서 과세 여부를 검토해 왔다. 당연히 두부 제조사들은 발칵 뒤집혔다.

과세 관청과 두부 제조사들은 이 문제를 놓고 한참 동안 갑론을박을 벌였고, 결국 과세 관청이 과세 의지를 꺾는 것으로 해결이 났다. 두부회사가 승리한 것이다. 이유는 단순하다. 두부는 쉽게 부서지기 때문에 보관이나 운반할 때 반드시 포장해야 한다. 국세청 역시 포장 두부의 포장 목적이 운반의 편리성에 있다고 보고 면세하기로 결정했다. 포장 두부를 단순히 원래 두부 형태의 진화된 상품으로 본 것이다.

하지만 여기서 생각해 볼 문제가 있다. 누구의 편을 들려는 게 아니라 조세의 구조와 과세 방식 자체가 석연치 않다는 것이다. 마트에서 판매하는 두부 제품을 한번 유심히 살펴보자. 녹차 성분, DHA 성분 등 몸에 좋다는 성분을 넣어 예쁘게 포장까지 해서 높은 가격에 판매되고 있는 두부가 대부분이다.

반면 재래시장 등에서 파는 두부는 어떤가? 요란스러운 포장은 고사하고 판에서 한 모씩 잘라내어 비닐봉지에 담아주면 그만이다. 몸에 좋다는 성분을 첨가하고 알록달록 예쁘게 포장한 것이 단순히 보관과 운반을 편하게 하기 위한 것일까?

포장 등으로 부가가치가 창출된 두부를 비싼 값에 팔면서 보관 및 운반 사정상 어쩔 수 없다며 과세하면 안 된다고 주장하는 두부 제조사들의 논리도 완벽해 보이지는 않는다. 조세 정책이 고무줄인 만큼 이를 피해 가기 위한 과세 대상자들의 방어 논리도 항상 첨단을 달린다.

축의금에도
세금이 붙을까

대한민국 사회에서 돈의 은밀한 거래가 합법적으로 용인되는 현장을 찾으려면 대뜸 머릿속에 떠오르는 곳이 하나 있다. 바로 축의금이 건네지는 결혼식장이다. 지인에게 '저, 결혼합니다!' 하고 전화를 하는 순간, 전화를 받는 사람 입장에서는 사실상 채무자가 된다. 너무 극단적인 생각이 아니냐고 되물을 수도 있겠지만, 아마 10명 중 절반 이상은 이 말에 동의할 것이다. 그나마 부의금은 애도의 뜻에서 불편한 마음 없이 봉투를 건네지만 축의금은 왠지 불편함이 쉽게 가시지 않는다.

자본주의 사회에서 모든 돈의 거래, 더욱이 소득이 발생하는 순간 세금이라는 존재는 반드시 따라붙는다. 그렇다면 지인들로부터 받은 경조사비에 세금이 부과될까? 세법에서는 경조사비를 받는 것도 엄연한 '증여'로 본다. 다시 말해 당연히 세금 부과, 즉 증여세의 대상이 된다.

현행 세법에서도 경조사비를 과세 대상으로 분류하고 있다. 그러나 주변에서 경조사비 받은 것에 대해 세금을 냈다는 사람을 찾아보지 못했을 것이다. 여기엔 다 이유가 있다. 세법에 광범위한 예외 규정을 두고 있기 때문이다. 세법은 '사회통념상 인정되는 범위'라는 개념으로 묶어 과세 대상 해당 여부를 구분한다.

수년 전까지만 해도 500만 원 이상의 경조사비는 무조건 과세 대상으로 분류했다. 하지만 법은 현실에서 멀어지는 순간 그 효력이 소멸하고 만다. 정부가 아무리 500만 원 이상의 경조사비에 세금을 매기겠다고 추상같이 엄포를 내리더라도 지인으로부터 1,000만 원의 경조사비를 받은 뒤 세무서에 가서 '세금을 내겠다'고 하는 사람이 있을까?

더욱이 세무서 직원들이 일일이 결혼식장, 장례식장을 찾아다니며 경조사비 수입 내용을 들춰보는 것도 불가능한 일이다. 실효성이 없는, 말 그대로 법을 위한 과세제도인 것이다. 그래서 정부는 몇 해 전에 '500만 원 이상'이라는 규정을 폐지하고 '사회통념상 인정되는 범위'라는 개념을 도입했다.

그런데 여기에도 법률의 함정이 존재한다. 어느 누구도 사회통념상 인정되는 범위가 얼마의 금액을 의미하는지 딱 부러지게 설명하지 못한다는 점이다. 세법에 명시된 원칙적인 부분일 뿐 일상생활에서는 거의 작동하지 않는 제도인 셈이다. 하기야 법을 이렇게 만들 수밖에 없는 정부의 고충도 분명 있을 것이다.

하지만 여기가 끝이 아니다. 그래도 법은 법이다. 사회통념이란 말이 법에 존재하는 한 법적 기능은 여전히 유효하다. 그렇다면 무엇이 사회통념이란 말인가? 가령 결혼을 축하한다는 명목으로 덜컥 집을 한 채 사준다거나 땅을 준다면 이를 사회통념으로 받아들일 사람이 얼마나 될까?

당연히 얘기는 달라진다. 아마도 세무공무원들이 출동해서 당장 세금을 내라고 독촉을 할 게 분명하다. 일반인의 상식, 즉 사회통념상 인정되는 범위를 벗어났기 때문이다. 여기서 또 하나 궁금한 사실이 발견된다. 그렇다면 결혼 예물^{예단}은 어떨까?

일전에 유명 여자 연예인이 결혼하면서 10억 원짜리 물방울 다이아몬드를 예물로 받아 만천하 여성들의 부러움을 산 적이 있다. 우리네 평범한 서민들 입장에서 본다면 당연히 증여세를 내야 한다는 이야기를 할 수도 있다. 그러나 현행 세법에서는 남녀^{혹은 부부} 사이에 순수한 마음의 표시로 주고받은 선물^{결혼예물}에 대해서는 세금을 과세하지 않게 되어 있다. 다시 말해서 물방울 다이아몬드가 10억 원짜리 든 20억 원짜리 든 세금을 신고하거나 낼 필요가 없다는 것이다.

물론 사랑의 증표로 아파트 등 부동산을 줬다면 이야기는 달라진다. 대문을 두드리는 국세청 직원을 만나고 싶지 않다면 부인에게든 애인에게든 부동산이 아닌 보석으로 마음을 전달하는 게 정신과 육체 건강에 훨씬 도움이 될 것이다.

생활 속에서 세금을 놓고 발견되는 흥미로운 일이 또 하나 있다. 바로 로또 복권이다. 아마 복권과 세금을 얘기할 때 열에 아홉은 당첨금 가운데 절반을 세금으로 내도 좋으니 평생 단 한 번만이라도 당첨되어 봤으면 좋겠다고 말할 것이다. 하지만 사람의 마음이 꼭 그런 것만은 아니다. 일단 당첨이 되고 나면 단돈 얼마라도 세금을 내기가 아까울 것이다. 그렇다면 복권에 당첨되면 무조건 세금을 내야 할까.

우리 소득세법은 여기에 대해 친절하게도 기준을 정해놓고 있다. 소득세법을 보면, 복권 등으로 지급하는 금액이 한 건당 5만 원 이하일 때는 이른바 '소액부 징수'라 해서 소득세를 부과하지 않는다. 기본 당첨금 5,000원을 받는 5등은 세금을 내지 않아도 된다는 결론이 나온다.

물론 5만 원이 넘는 당첨금을 받는 때에는 세금을 내야 하는데, 그 액수가 참으로 크다. 당첨 금액에 대해 무려 20~30%의 소득세와 주민세_{소득세의 10%}를 내야 한다.

당첨금이 3억 원 이하라면 22%_{소득세 20%. 주민세 2%}를 내고, 3억 원을 초과하면 33%_{소득세 30%. 주민세 3%}의 세금을 내야 한다. 재미있는 사실은, 친절하게도 로또를 구입하는 데 쓴 돈 1,000원은 '필요경비'라 해서 과세 대상 금액을 계산할 때 빼준다는 것이다.

이상한 세금,
수상한 세금

교육세는

멀티플레이어인가?

|

세금의 종류는 참으로 많다. 그래서인지 꼼꼼히 그 구조를 들여다보면 이상한 것이 한둘이 아니다. 세금이란 기본적으로 소득에서 창출된 부에 대한 징세이고, 이를 통해 국가를 지탱하는 데 필요한 자금을 창출하는 것이다. 그만큼 거두는 일에도, 쓰는 일에도 명확한 원칙과 규율이 필요하다. 그래야 세금을 내는 국민이 납득한다.

그런데 현실 속에서 보면 거두는 곳과 쓰이는 곳이 너무 달라 고개를 갸우뚱하게 하는 것도 있다. 대표적인 사례가 '교육세'이다. 어찌 된 일인지 교육세는 그 이름은 교육세인데 교육과는 전혀 관련이 없는 곳에 빠지지 않고 등장한다. 교육세 만능인 세상이다. 교육세는 축구로 치면 위치에 구애받지 않고 운동장 전체를 아우르는 임무를 맡았던 멀티플레이어 박지성을 닮았다.

한 해에 두 차례씩 꼬박꼬박 나오는 자동차세를 들여다보자. 고지서를 받고 꼼꼼히 읽은 사람들은 누구나 조금 황당한 느낌이 있을 것이다. 자동차를 처음 사려고 하는 경우에도 마찬가지다. 자동차세만 내면 되는 줄 알았는데, 난데없이 교육세라는 항목이 턱하니 붙어 있는 것이다. 도대체 자동차와 교육이 무슨 상관일까? 자동차를 사는데 왜 아이들을 가르치는 데 써야 할 세금을 내야 한단 말인가?

교육세는 기본적으로 특정한 목적을 위해 필요한 돈을 거둬들이는, 말 그대로 목적세이자 부가세이다. 그런데 세금의 기본 형태인 자동차와 교육을 결부시켰으니 이해가 되지 않을 법도 하다.

교육세는 1981년 신군부에 의해 최초로 도입되었다. 주류세액과 개별소비세액, 교통세액 등 다른 세금을 과세표준으로 해서 교육세를 붙였지만, 당연히 조세 논리에는 부합되지 않았다. 세제를 더욱 복잡하게 만든다는 지적이 곳곳에서 나왔다. 하지만 서슬 퍼런 신군부의 의지 앞에서 조세 정책의 일반 논리가 통할 리 없었다.

세월이 흘러 정치권이 세제를 정비하려 했지만 교육계 등의 반발과 이를 등에 업은 야당의 기세에 눌려 힘 한 번 제대로 써보지 못하고 훗날로 논의의 장을 넘겼다. 하나의 세제를 통해 수혜를 받는 집단이 생기면 이를 없애는 것은 무척 힘들다는 건 예나 지금이나 변하지 않는 진실이다.

현행 교육세법 1조를 들여다보면, 교육세의 목적은 교육의 질적 향상을 도모하는 데 필요한 교육 재정 확충에 소모되는 재원의 확보에 있다. 교육세는 금융·보험업자 수익금액의 0.5%, 개별소비세법에 따른 개별소비세액의 30%일부는 15%, 교통에너지환경세액의 15%, 주류세액의 10%세율이 80% 이상인 주류는 30% 로 구성된다. 등록세·재산세액의 20%, 담배소비세액의 40%, 자동차세액의 30%도 지방교육세로 걷힌다.

그렇다면 새로 자동차를 구입하는 사람들은 자연스럽게 나라의 꿈나무를 만드는 데 일조하고 있다는 결론이 나온다. 그러나 자동차는 그렇다 치고 술을 먹으면서, 하물며 담배를 피우면서까지 교육을 위해 세금을 내는 것은 조금 볼썽사납다. 차라리 담배를 피우는 행위에 대한 죄과를 세금으로 내라는 논리라면 모를까 말이다. 어찌 되었든 대다수 국민은 몸에 해로운 술과 담배를 체내에 흡입하면서도 나라의 교육 발전에 크게 이바지하고 있는 셈이다.

그뿐인가. 금융과 증권 거래를 하면서도 우리는 꼬박꼬박 교육 발전을 위해 세금을 낸다. 여기서 한 걸음 더 나아가 개별소비세 부분으로 들어가면 머리를 지끈거리게 하는 어지럼증은 극심한 두통으로 바뀐다.

자동차나 대형 냉장고, 세탁기, TV, 에어컨 같은 가전제품을 사는 것까지는 그렇다 치자. 하물며 오락용 게임기를 살 때, 녹용이나 귀금속, 모피 등을 살 때도 어김없이 교육세가 따라붙는다. 카지노와 골프장, 경마장, 심지어 유흥주점을 갈 때도 교육세를 내야 한다.

도대체 교육하고는 아무리 연관 지으려 해도 연관 지을 수 없는 곳에 교육세를 내고 있는 셈이다. 유흥주점에 가서 술을 마시고 담배를 피우는 것과 교육 사이에 도대체 무슨 함수관계가 있단 말인가? 유흥주점의 종업원들을 교육하는 데 돈을 쓰는 것도 아닌데 말이다.

이렇게 세금 부담자와 수혜자가 다른, 기본적으로 조세 원칙에 위배되는 상황이 수십 년 동안 이어지고 있는 것이다. 사실 이런 이유 때문에 정부도 몇 차례에 걸쳐 교육세를 없애려고 했다. 정부 당국도 세제의 비틀어진 부분을 인정하고 있는 것이다.

첫 번째 시도는 IMF 체제 직후인 1998년이었다. 하지만 당시에 교육세를 없애려 한 이유는 목적세로서의 교육세 기능에 대한 회의보다는 나라에 필요한 돈을 조금이라도 더 쉽게 확보하려는 데 있었다.

기본적으로 목적세는 그 과세 목적을 위해 돈을 쓰게 되어 있다. 교육세는 교육을 위해 써야 하는 것이다. 당시 정부는 여기저기 돈이 필요한 상황에서 교육세로 거둬들인 돈을 다른 곳에 좀 써보려 했으나 당연히 교육계가 들고 일어났다. 아무리 나라가 어려워도 국가의 백년대계인 교육에 들어갈 돈을 줄일 수는 없다는 논리였다. 정부는 결국 손을 들었다. 그리고 이듬해인 1999년 11월에는 교육세를 그대로 존치하겠다고 한발 물러섰다.

그로부터 10여 년이 흐른 2009년, 이번에는 이명박 정부가 교육세 폐지 문제를 다시 들고 나왔다. 명분은 다양했다. 납세 비용을 줄이고 복잡한 조세체계를 바로 잡자는 게 첫 번째 이유였다. 술이나 담배 등 세원 하나에 이것저것 세금을 중복해서 부과하는 이른바 '부가세surtax' 형식의 세금은 후진적인 것이니만큼 이를 다른 곳에 통합시키자는 논리였다.

물론 그 근저에는 목적세를 없애 예산의 경직성을 해소하고 교육세를 이리저리 쉽게 전용할 수 있도록 하자는 의도가 깔려 있었다. 세금 부담자와 수혜자가 달라 조세 원칙에 어긋난다는 목적세의 가장 기본적인 허점을 공격하기도 했다.

교육세를 본세本稅에 합치자는 주장은, 이번에도 교육계의 막강한 저항 앞에서 힘을 잃었다. 교육계는 당장 교육 재정이 줄어들 것이라고 맞섰고, 교육과학기술부 당국조차도 펄쩍 뛰었다. 교육세가 기본적으로 목적세이고, 목적이 달성되었으면 없애는 것이 마땅한데도 엉뚱한 곳에서 돈을 거둬다가 전혀 다른 곳의 목적을 위해 돈을 쓰는 기형적 세금 구조는 아직도 이렇게 이어지고 있다.

물론 이런 논란은 정부가 자초한 일이다. 아무리 교육 분야의 예산을 줄이지 않겠다고 약속하더라도, 관료들의 말을 액면 그대로 받아들이라고 말하는 것 자체가 무리일지 모른다. 정부라는 객체가 기본적으로 나라의 곳간을 어떤 형식으로든 채우려는 데 있다는 점을 국민은 역사적 경험을 통해 이미 터득하고 있는 셈이다.

세목稅目이라는 것은 한 번 만들어지면 바꾸기가 너무나 힘들다. 노무현 정부 당시 만들어진 종부세종합부동산세의 폐지를 놓고 극심한 진통이 있었던 것도 다 그런 이유였다.

세목이 만들어져 수혜를 받는 사람이 나타나면 그 달콤한 맛에 길들여져 어떻게 해서든지 기득권을 놓지 않으려고 하는 것이다. 그것이 세상의 이치이다. 그래서 조세제도는 100년 후를 내다보고 만들어야 한다고 한다. 고무줄 세금은 항상 그만한 대가를 유발하기 때문이다.

말단사원보다
월수입이 적은 변호사들
|

세금은 헌법에도 규정되어 있는 국민의 의무이다. 대한민국 헌법 제38조에는 '모든 국민은 법률에 정하는 바에 의하여 납세 의무를 진다'라고 명확하게 나타나 있다. 지독히 싫은 일이지만, 어쩔 수 없이 내야 한다.

그런데 이상한 일이다. 고분고분 세금을 잘 내면서도 또 한편으로는 '혹시 내가 바보짓을 하는 게 아닌가?' 하는 생각에 시달리기도 하니까 말이다. 나만 '착한 국민' 역할을 하고 있다는 불평등 논리가 나 자신도 모르게 머릿속을 맴도는 것이다. 그러한 생각은 아마도 다수의 착한 국민 뒤편에 존재하는 '나쁜 국민' 때문일 것이다. 이들 때문에 착한 국민은 자신도 모르게 '바보 증후군'에 빠져드는 것이다.

외국도 그렇지만 유독 대한민국에서는 세금을 피하는 기법을 놓고 다양한 연구가 벌어진다. 그것도 평범한 사람들이 아닌, 이른바 가진 자들의 심리가 그러니 문제다. 쌀 아홉 섬을 가진 부자가 가난한 자의 쌀 한 섬을 탐낸다는 말이 딱 들어맞는다.

그래도 대한민국의 국민은 참 착하다. 신문 기사에서 하루가 멀다 하고 '탈세'라는 단어를 보지만, 이를 놓고 흥분하지는 않는다. 그게 관행이요, 어쩔 수 없는 현실이라고 생각하는 것이다. 그런 일이 하도 비일비재하다 보니 워낙 식상해서 그럴지도 모른다.

하지만 착한 국민조차 이따금 스스로 탈세의 현장에 동참하기도 한다. 성형외과에 가서 현금을 내면 10% 할인해 준다는 말에 눈을 번쩍 뜨는 우리 자신이 바로 탈세의 공범이다. 대한민국 사회는 이렇게 어느 순간 탈세의 덫으로 뒤덮여 있다. 좀 심하게 말하자면 우리의 세금 구조 자체가 국민을 범죄 집단으로 만들고 있는 것이다.

그렇다고 모든 국민을 탈세범으로 모는 것은 너무 야박하다. 털어서 먼지 안 나는 사람이 없듯이 세금이란 게 궁극적으로 부정적 의미로 인식되는 한, 모든 국민에게 완벽한 납세자의 자격을 갖추기를 바라는 건 무리가 아닐까?

하지만 세금에서 빠져나가려는 방법에도 등급이 있다. 나쁜 국민을 얘기했지만, 우리 주변에는 악의적으로 세금을 빼먹으려는 사람들이 너무나도 많다. 탈세에도 급이 있다는 말이다. 국세청이 과거 고소득 자영업자에 대한 세무조사 누적 결과를 토대로 37개 집단을 비교한 결과를 보면 쓴웃음이 나온다.

'소득 탈루율'이란 탈루 소득을 신고 소득 및 탈루 소득의 합산액으로 나눈 것으로, 탈루율이 높을수록 국세청에 신고하지 않은 숨겨놓은 소득이 높다는 뜻이다. 쉽게 말해 벌어들인 돈 중 세금을 내지 않으려고 의도적으로 신고하지 않은 금액을 말한다.

탈루에도 등급이 있다고 했는데, 대한민국에서 세금이 가장 많이 빠져나가는 곳은 어디일까? 물론 특정 업종에 종사하는 사람이 고소득자라고 해서 해당 업종에 종사하는 사람들 전체를 탈세범으로 몰아붙이려는 것은 아니다.

아마도 대다수의 사람은 '탈루'라는 단어를 생각하면 성형외과나 학원 등을 떠올릴 테지만, 사실은 다르다. 정답은 바로 목욕탕이다. 국세청의 조사 결과를 보면, 사우나의 소득 탈루율은 무려 98.1%였다. 100만 원을 벌었다면 이 중 98만 원은 신고하지 않았다는 말이다. 이쯤 되면 조금은 무리한 비약일지 모르지만 '사우나세'라는 별칭을 붙여도 되는 것 아닌가 하는 생각마저 품게 된다.

그런데 여기서 한 걸음 더 나아가면 궁금한 게 생긴다. 사우나가 세금을 빼먹는 것은 입욕료를 현금으로 받으니 충분히 짐작할 만한 일이지만 탈루 사실을 어떻게 적발할 수 있을까? 뛰는 놈 위에 나는 놈이 있다. 국세청이 그렇다. 마음만 먹으면 뭐든지 찾아낼 수 있다는 생각이 들 정도로, 그들은 탈세 현장을 너무도 잘 찾아낸다.

경기도 안양의 한 목욕탕. 국세청이 세무조사를 통해 부가가치세와 종합소득세를 추가로 부과했다. 그러자 주인은 이에 불복해 조세심판원에 심판청구를 했다. 국세청이 잘못했으니 시정해 달라는 것이었다. 하지만 심판원은 국세청의 손을 들어줬다. 그것은 바로 수돗물 사용량 때문이었다.

국세청은 이 목욕탕의 수입금액 집계표를 탈세 제보를 통해 입수한 뒤, 이 목욕탕이 속한 안양시로부터 수집한 수돗물 사용량을 알아봤다. 그리고 수돗물 톤당 평균 수입금액을 산정하고, 여기에 수돗물 사용량을 곱해 목욕탕 수입금액을 추계했다. 이 목욕탕이 수입금액에 대한 장부 및 증빙을 비치하지 않았기 때문에 추계경정이라는 것을 했다. 수입금액과 물 사용량이 비례관계에 있다는 점을 고려한 추계 방법을 이용한 것이다.

물론 목욕탕도 마지막까지 할 말이 있었다. 수돗물의 누수가 심했는데 이를 반영하지 않았고, 국세청이 들이댄 수입금액 집계표도 실제 영업 실적이 아니라 대출을 받기 위해 임의로 작성한 것이기 때문에 이를 근거로 추계하는 것은 부당하다는 것이었다.

그러나 심판원은 탈세 제보자가 제출한 집계표에는 일별로 인원수, 정기회원권 판매수익, 현금 입욕료, 일용품 판매수입금을 구분하고, 비용은 비용 항목별로 월간 지출액과 순이익 등을 구체적으로 기재한 것으로 미루어 진정한 영업 실적으로 볼 수 있다면서 국세청의 손을 들어줬다. 목욕탕업의 수입금액과 물 사용량은 비례 관계에 있으므로 국세청이 이를 통해 각 과세 기간별 수입금액을 추계한 것은 적법한 추계 방법에 해당한다는 판정이었다.

국세청 자료에서 탈루율 2위를 기록한 것은 기타 주점[86.9%], 즉 단란주점이나 바bar였다. 이것은 아마 대부분의 사람이 대충 짐작할 것이다. 3위는 여관으로 무려 85.7%의 탈루율이었다.

요즘이야 모텔로 바뀌어 대부분 카드로 결제하기 때문에 탈루율이 많이 떨어졌지만, 조사 당시 여관의 탈루를 확인한 것을 보면 목욕탕만큼이나 흥미롭다. 국세청은 A여관이 복식부기 의무자인데도 장부를 비치하지 않자 세무조사를 벌였고 3년 동안 탈루 소득 9,540만 원에 대한 부가가치세 863만여 원을 추가로 물렸다.

당시 국세청이 탈루 사실을 적발하기 위해 조사한 방법은 침대 시트의 사용량 파악이었다. 국세청은 이 여관과 거래하는 세탁업소들을 통해 시트 세탁비를 파악하고 시트 세탁량을 계산한 뒤에, 이를 객실 대여 수로 환산해 수입금액을 추산

했다. 손님이 객실을 한 번 대여할 때마다 침대 시트를 갈아준다는 점을 고려한 것이다.

여관도 할 말은 있었다. 남자 종업원 2명과 여자 종업원 1명이 사용한 시트는 전체 시트 사용량에서 빼야 한다는 논리였고, 이를 토대로 이의신청을 했다. 그 결과 여관에서 숙식하는 남자 종업원의 시트 사용분은 받아들여졌지만 청소 일을 맡은 여자 종업원은 출퇴근을 하는 것으로 확인되어 여관 측의 요구를 거절했다.

국세청의 세금 징수가 마치 경찰의 탐문수사를 연상시키지 않는가. 어찌 되었든 여관은 시트 사용량으로 소득을 추계하는 것이 신의성실의 원칙에 어긋난다며 조세심판원에 심판청구를 제기했지만, 심판원은 이번에도 국세청의 손을 들어줬다.

탈세의 등급을 얘기했지만, 수많은 월급쟁이를 우울하게 하는 또 하나의 사실이 있다. 2009년에 국세청이 국회에 제출한 자료를 보면 우리 사회의 노블레스 오블리주 정신이 얼마나 미흡한지 새삼 확인할 수 있다.

대한민국에서 가장 돈이 많은 집단을 꼽으라면 열에 아홉은 변호사나 의사 같은 전문직 종사자들을 얘기할 것이다. 하지만 그들의 소득이 일반 중소기업에 다니는 말단사원보다도 못하다면 이를 어떻게 받아들여야 할까?

2020년 10월, 류성걸 국민의힘 의원이 국세청으로부터 받은 자료에 따르면 2019년 변호사, 회계사 등 주요 고소득 전문직 사업자 중 연 매출액을 3,000만 원 이하로 신고한 사업자가 전체 5만 1,813명 중 7,337명14.2%이나 되었다.

월 평균 250만 원연간 3,000만 원 이하의 매출액은 그해 4인 가구 기준 월 최저생계비인 276만 원에도 못 미치는 수준이었다. 임대료와 인건비 등 사업상 필요한 제반 비용을 제외한다면 저소득층소득 하위 20% 월 소득 177만 7,000원에도 못 미친다.

이 중 평균 매출액이 가장 높은 직종인 회계사를 보자. 전체 2,092개 사업자 평균 매출액이 18억 9,700만 원 수준이었는데 3,000만 원 이하의 매출액을 신고한 사업자는 146명, 이들 평균 매출액이 800만 원 수준이었다.

변호사의 경우 전체 7,722명 사업자의 평균 매출액이 8억 2,200만 원이고 3,000만 원 이하의 사업자는 1,292명, 평균 매출액은 900만 원 수준이었다. 전체 변호사 업무를 보는 사업자 중 17%가 3,000만 원 이하의 매출액을 신고한 셈이다.

물론 요즘에는 전문직종 역시 워낙 공급이 포화상태에 달해 폐업하는 병원과 변호사 사무실이 속출하고 있다고 한다. 그러나 여전히 우리 사회에서 가장 돈이 많은 집단은 이들일 것이다. 그럼에도 이들이 중소기업에 다니는 평범한 월급쟁이들보다 수입이 적다면 이를 액면 그대로 받아들일 사람이 얼마나 되겠는가.

진정한 선진국이 되려면 국민의 정직함이 바탕이 되어야 한다고들 한다. 앞장서서 빈민층을 위해 구제 활동에 나서지는 못할망정 '소득 있는 곳에 세금'이라는 기본조차 지워버리려는 현실이 이어지고 있으니, 우리 사회는 아직도 후진국이라는 사실을 알 수 있다.

상속세는
바보세인가
|

전문직 사업자들이 똑똑한 머리를 이용해서 세금의 함정을 이용한다고 치자. 그런데 애당초 부모가 돈이 많은 복을 받고 태어난 사람들까지 그런다면 어떻겠는가. 그건 분명히 조세제도에 문제가 있든지, 세금의 그물망에서 빠져나가는 사람들에게 심각한 문제가 있든지 둘 중 하나일 것이다.

우리나라 조세 체계에서 돈이 많은 사람을 대상으로 한 세목 가운데 가장 큰 것이 상속세이다. 물론 우리나라의 상속세, 특히 가업 상속세는 세계 어떤 나라보다 많다. 한국의 명목 상속세율은 50%로 OECD 경제협력개발기구 회원국 중 일본55%에 이어 2위다.

최대 주주 할증 평가를 적용하면 세율은 60%로 올라 세계 1위가 된다. 오죽하면 중소기업 오너들이 상속세 때문에 가업을 포기하고 평생 일군 기업을 타인에 팔거나 해외로 빠져나갈까. 세금을 가혹하게 거둔다는 뜻의 가렴주구苛斂誅求라는 말이 나올 정도니 말이다. 상속세의 절대적인 세율을 낮춰야 하는 것은 분명한 사실이다.

우리나라 상속세율은 과세표준 금액 구간을 5단계로 구분한다. 각 구간 초과 단계마다 높은 세율을 적용하는 초과 누진 세율이다. 현재 세율은 1999년 말 세법 개정 시 최고 세율 구간을 50억 원 초과에서 30억 원 초과로 낮추고 최고 세율을 45%에서 50%로 인상한 이후 지금도 그대로 유지되고 있다. 절대적인 금액과 별개로 상속세 납부 현황을 보면 우리의 세금체계에 큰 문제가 있는 건 아닌지 의구심을 품게 된다. 국세청의 연도별 상속세 과세자 비율을 보면, 상속세 과세자 비율은 2.5% 정도에 불과하다.

2019년 기준 상속세 과세 여부를 결정하는 피상속인 수 34만 5,290명 가운데 상속세 과세자 수는 8,357명로 2.42%다. 이는 재산을 물려받은 사람 100명 가운데 상속세를 낸 사람이 불과 3명도 되지 않는다는 얘기다. 여기에 매겨진 결정 세액은 2조 7,709억 원으로, 총 상속액 대비 세액 비율은 7.1%에 그친다.

물론 여기까지는 이해가 간다. 현행 세법 체계상 기초공제나 배우자 공제, 기업 상속 공제 등 갖가지 공제 제도로 개인은 최대 10억 원까지, 기업은 100억 원까지 상속 재산을 비과세 받을 수 있기 때문이다.

실제로 과세 기준에 도달하지 않아 세금을 한 푼도 내지 않는 상속액이 전체의 절반에 약간 못 미치는 19조 1,127억 원이다. 전체 피상속인의 97.6%인 33만 6,933명이 면세점 이하이다. 나머지 8,357명2.5%이 상속액의 절반 이상을 물려준 것이다.

하지만 돈을 제법 많이 물려받는 사람들의 상속세 납부 상황을 보면 도통 이해가 가지 않는다. 과거 한 조사 결과에서는 5억 원이 넘는 거액의 재산을 물려받아 상속세를 부과 받은 대상은 전체 피상속인 6,693명 가운데 3,384명50.7%으로 절반을 조금 넘었다. 5억 원 이상의 재산을 선대로부터 상속받고도 절반이 한 푼도 세금을 내지 않은 셈이다.

세법상 각종 공제 혜택을 준다고 하지만, 이것만으로 과세 대상에서 빠져나갈 수 있었는지는 의문이다. 어느 재벌은 수천억 원의 세금을 액면 그대로 다 내어 사회적으로 화제가 되기도 했지만, 또 어느 재벌은 상속세 문제를 놓고 수년 동안 법정 다툼을 벌이기도 한다. 이쯤 되면 상속세가 '바보세'란 말이 그리 잘못된 표현만은 아닌 듯싶다.

상속세의 기원을 보면 우리의 이런 현실에 씁쓸한 마음이 더욱 짙어진다. 상속세는 사실 로마시대의 퇴역 군인에 대한 연금 재원 마련을 위해 만들어졌다. 군인들을 위해 상속액의 20분의 1을 거둔 것이다. 군인들이 나라를 위해 몸을 바치는 동안 마음 놓고 돈을 벌었으니 축적한 재산의 어느 정도는 국가를 위해 내야 하지 않느냐는 논리다.

공리주의자인 제레미 벤담Jeremy Bentham도 비슷한 말을 했다. 그는 상속권이라는 자연법적 권리는 아예 인정되지 않는다고 했다. 국가가 개인의 재산 형성에 도움을 준만큼 모든 상속에는 국가가 일정한 지분을 갖고 있다는 것이다. 이른바 국가 공동 상속 이론이다.

《자유론On Liberty》으로 유명한 존 스튜어트 밀John Stuart Mill 역시 상속이란 스스로 자립하는 데 필요한 재산 이상을 얻도록 해서는 안 된다고 말했다. 아마도 요즘 우리나라 같은 세상에서 밀이 태어났다면 그를 향해 돌팔매질을 할 사람이 한둘이 아닐 것이다.

그러나 그들의 논리를 현실에서 몸소 실천하는 사람들도 있다. 빌 게이츠 마이크로소프트 회장이 대표적인 인물이다. 그는 부시 행정부가 경기 부양을 위해 상속세를 폐지하려고 하자 앞장서서 반대했다. 자본주의에 대한 사회의 지지를 얻기 위해서도 상속세는 존치해야 한다는 것이었다.

이들 부부의 기부금으로 운영하는 '빌-멜린다 게이츠 재
단Bill & Melinda Gates Foundation'의 공동 이사장을 맡고 있는
빌 게이츠의 아버지가 행한 연설을 보면 현대 자본주의 사회
에서 상속이 무엇을 의미하며, 왜 우리 사회에 상속세가 필요
한지를 잘 알 수 있다.

"상속세를 폐지하면 빈부격차가 더 심각해질 것입니다. 부
자는 더 부자가 되고, 가난한 사람은 더 가난해집니다. 상속세
가 없어지면 매년 300억 달러의 세수가 줄어들기 때문에 국
민에게 다른 세금을 더 거둬야 합니다. 상속세가 없어지면
세금을 피하려고 부자들이 내는 기부금이 훨씬 줄어들 것입
니다."

하지만 세금을 내지 않기 위해 참으로 교묘한 방법을 동원
하는 게 우리네 현실이다. 노블레스 오블리주의 정신을 앞장
서서 실천하기를 바라는 것은 무리일지라도, 적어도 그들이
대다수 평범한 납세자들의 마음을 허탈하게 하지는 말아야
할 텐데 말이다.

현실에서 드러나는 상황은 그런 기대를 무색하게 한다. 돈
이 많은 사람일수록 세금 탈루를 넘어 아예 세금을 내지 않는
'배 째라 족'으로 변하는 경우가 많은 것이다.

세금 체납자들에게는 저승사자로 불리는 서울시 38세금기
동팀이 과거 서울의 한 시중은행 대여금고를 찾아갔다. 은행

의 대여금고는 대부분 신용점수가 높고 제법 돈 많은 사람들이 집안에 놓기에 문제가 있는 고가품을 보관하는 곳이다.

당시 서울시가 압류에 들어간 대상은 500만 원 이상 지방세를 체납한 사람 중 은행의 대여금고를 사용하는 337명이었고, 이들의 전체 체납세금은 464억 원에 달했다. 압류 결과는 흥미로움을 넘어 한숨을 자아내게 했다.

대여금고 보관물 압류 조치 대상자인 A는 지방세 체납액이 5,100만 원에 달했는데, 본인의 동의 아래 금고가 열리자 단속반원들의 입이 쩍 벌어졌다. 금고 안에서는 순금 16돈시가 250여만 원으로 만든 골프공과 진주목걸이 3개, 다이아몬드 반지, 금팔찌와 목걸이 등의 귀금속 22점이 쏟아져 나왔다. 시가로 약 3,000만 원에 달했다.

2,100만 원을 체납한 B 역시 비슷했다. 금고 안에는 금으로 만든 행운의 열쇠와 금거북, 진주목걸이가 가득했다. 압류 당한 사람들 대부분은 장당 500만 원인 미상장 주식과 부동산 매매 계약서, 심지어 1억 원짜리 약속어음과 예금통장 등을 갖고 있었다.

이런 현실을 어떻게 받아들여야 할까? 은행 대여금고에 황금덩어리를 보관해 놓고도 무일푼 행세를 하는 사람들에게, 불행하게도 대한민국 사회는 여전히 관대하다. 빌 게이츠 같은 노블레스 오블리주 정신은 아니더라도 부의 축적을 위해 세금을 피하는 행위는 일반 국민의 행복을 실현하기 위해 국가의 곳간을 터는 것과 다름없다.

이들이 내지 않은 세금만 갖고도 저소득층의 희망근로사업을 수년 넘게 할 수 있는데도, 이들을 향해 행정의 회초리가 가지 않는 부분이 너무 많다. 아니, 어쩌면 정부 스스로 이들을 방조하고 있는지도 모른다. 조세제도에 함정이 많을수록 이를 이용하는 사람들 또한 줄어들지 않을 것이다.

검은 돈,
잃어버린 돈

지하세계의

검은 돈

|

어느 나라에나 지하경제는 존재한다. 부패의 경제학이라는 말이 있듯이 때로는 음성적인 돈의 흐름이 경제에 필요조건으로 작용할 때도 분명히 있다. 하지만 대한민국은 유독 지하에 숨은 '검은돈'이 많다. 우리의 근대사가 고도성장을 질주하면서 사실 반칙으로 점철된 측면도 없지 않지만, 어엿한 세계 10위권의 경제대국으로 성장했음에도 지하경제의 규모는

좀처럼 줄어들지 않고 있다.

그러나 정작 국민은 지하경제의 규모는 물론이고, 그 개념조차 제대로 알고 있지 못하다. 국민 자신도 알지 못하는 사이에 지하경제의 덫에 빠져 있는 셈이다. 그렇다면 우리나라의 지하경제 규모는 얼마나 될까?

김종희 전북대 경제학 교수가 발표한 〈조세의 회피 유인이 경제 성장과 조세의 누진성, 지속가능성에 미치는 영향에 대한 연구〉 논문에는 1995~2014년 OECD 소속 26개 국가의 GDP 대비 지하경제와 조세회피 금액 비중 분석 결과가 나온다. 이에 따르면 대한민국의 지하경제 비중은 20년 평균 10.89%, 조세회피 비중은 3.72%로 분석되었다. 2014년 GDP가 1,486조 원이었던 점을 고려하면, 지하경제 규모는 161조 원, 조세회피 규모는 55조 원으로 추산된다.

이는 다른 국가들에 비해 매우 높은 수준이다. 우리를 제외한 OECD 25개국의 지하경제 비중은 20년 평균이 7.66%였고 선진 주요 7개국 평균은 6.65%였다. 조세회피 비중도 높은 편이었다. 25개국 평균 2.86%, 7개국 평균 2.21% 수준이었다. 한국보다 지하경제 비중이 큰 나라는 슬로바키아, 폴란드 등 동구권 나라들과 이탈리아, 그리스 등에 불과했다.

그래도 다행인 점은 우리나라의 지하경제 규모가 꾸준히 줄어들고 있다는 점이다. 1995년 GDP의 13.96%에서 이만큼 떨어진 것이다. 1990년대 금융실명제, 부동산실명제 등 정책에 이어 2000년대 신용카드 활성화 등 과세 투명화 노력이 그런대로 효과를 보인 것으로 보인다.

하지만 여전히 이 순간에도 세금을 속이는 지하경제의 규모는 천문학적이다. 월급쟁이의 주머니만 뒤지면서 나라 곳간이 비어간다고 울고 있는 셈이다.

그렇다면 도대체 지하경제는 어느 곳에, 어떤 모습으로 숨어 있는 것일까? 많은 사람이 놀랄지 모르지만, 사실 지하경제는 우리 주변에 흔히 볼 수 있는 '지상'에서 활보하고 있다.

2022년 4월, 복수의 언론에서 돈에 대한 흥미로운 제목의 기사들이 등장했다. 요약하자면 간단하다. '신사임당 실종 사건.' 눈치 빠른 사람들은 무엇을 의미하는지 금세 눈치 챌 것이다. 바로 신사임당이 담겨 있는 5만 원짜리 지폐가 시중에서 사라지고 있다는 얘기다.

2021년 기준으로 5만 원권의 환수율발행액 대비 환수액 비율은 17.4%에 그쳤다. 5만 원권 10장을 발행하면 2장도 회수되지 않았다는 뜻이다. 이런 환수율은 5만 원권을 처음 발행한 2009년을 제외하면 역대 최저이다. 환수율이 떨어지자 일부 시중은행 자동입출금기ATM에는 '5만 원권 인출이 어렵다'는 안내문이 붙기까지 했다. 창구에서도 5만 원권을 찾으려는 고객들에게 1만 원권 지폐를 내주는 상황이 벌어졌다.

왜 이런 현상이 나타난 걸까? 사실 5만 원짜리가 발행된 이후 지폐 환수 문제는 항상 논란거리가 돼 왔다. 공교롭게도 선거철을 앞두고는 이런 일이 자주 생긴다. 그런데 이번에는 선뜻 수긍하기 힘든 이유가 등장한다. 바로 코로나19로 인해 경제적 불확실성이 높아지면서 고액권 지폐를 집에 쌓아두려는 사람들이 늘었기 때문이라는 것이다.

2018년만 해도 67.4%에 달하고, 코로나19 발생 전인 2019년 60.1%였던 5만 원권 환수율이 2020년 24.2%로 뚝 떨어지고, 이듬해 20% 아래로 내려앉았으니 코로나가 영향을 미쳤다는 해석이 뜬금없지는 않다.

하지만 5만 원권이 이렇게 줄어든 것을 코로나 영향만으로 보기에는 설득력이 떨어진다는 지적도 적지 않다. 오히려 탈세 등을 위한 지하경제가 오히려 심해졌기 때문이라는 관측도 나온다. 특히 상속증여세가 세계 어느 나라보다 높다 보니 이를 피하기 위해 5만 원권을 쥐고 있다는 해석이 오히려 타당성이 높아보인다.

이 때문에 자산가들이 많은 강남에서는 '웃픈' 현상까지 벌어진다. 문재인 정부 들어 부동산에 재산세와 거래세까지 징벌적 세금이 부과되면서 이를 피하기 위한 꼼수로 5만 원권을 사용하는 사람들이 적지 않다는 것이다. 심지어 20억 원이 훨씬 넘는 집을 사면서 4~5억 원을 5만 원짜리 현금으로 지불하는 상황까지 벌어진다고 한다. 한두 푼도 아니고 억 단위 거래를 하는데 현금으로 주고 집값을 깎아주는 일까지 생긴다니 영락없이 '뛰는 정부 위에 나는 강남 자산가'들이라고 말해도 될 판이다.

지하경제의 상황은 비단 금융회사 주변에만 있는 것이 아니다. 서울 강동구 마사회의 한 지점에 가보자. 경마라면 누구나 과천의 서울 경마장을 생각하겠지만, 정보기술의 강국답게 한국 사회에는 경주마가 달리는 게 아니라 화상을 통해 베팅하도록 첨단시설이 갖춰져 있다.

이곳만 하더라도 공인된 화상 경마장이지만, 이 틈을 비집고 음성적인 자금이 움직이고 있다. 경주가 임박한 순간 계단마다 빼곡하게 사람들이 전화기를 붙잡고 있는데, 이들이 바로 사설 경마꾼이다. 이들은 주변 상가나 아파트를 빌려 화상을 연결하거나 심지어 외국에까지 사이트를 두고 인터넷으로 마권을 사고판다.

공인된 곳을 놔두고 사설 경마장이 독버섯처럼 퍼지는 이유는 간단하다. 바로 세금을 내지 않기 때문이다. 그만큼 배당률이 올라가는 것이다. 한 사설 경마장은 마사회 지점보다도 19배나 많은 수익을 올렸다가 적발되기도 했다.

2019년 10월, 국회 농림축산식품해양수산위원회 윤준호 의원더불어민주당이 공개한 '불법 사설 경마의 실태와 대응 방안에 관한 연구' 자료를 보자. 2016년 한국형사·법무정책연구원이 한국마사회의 연구 용역으로 진행한 것인데 국내 불법 사설 경마시장의 규모는 최대 13조 9,330억 원으로 추정됐다. 이는 2018년 한국마사회가 경마로 벌어들인 매출액7조 5,482억 원의 2배에 근접하는 것이다. 불법 경마로 인한 연간 조세포탈 규모 역시 최대 2조 2,293억 원에 이르는 것으로 추산됐다.

음습한 지하경제의 루트는 도박으로 이어지고 있다. 요즘에는 밤낮을 가리지 않고 휴대전화마다 카지노에서 오는 스팸메일로 가득하다. 일부 연예인들이 불법 온라인 도박을 하다가 적발되어 뉴스를 장식하지만, 이는 빙산의 일각일 뿐이다.

현재 국내 불법도박 규모는 80조 원이 넘고 이중 온라인 도박은 55조 원으로 전체의 70%가 넘는 것으로 알려져 있다. 합법 사행산업의 두 배가 넘는 엄청난 규모다.

지하경제는 사행산업에만 국한되지 않는다. 해마다 신문에 등장하는 이른바 고소득 자영업자들의 숨겨진 소득 역시 지하경제를 구성하는 중요한 통로이다. 우리 사회의 지식인인 변호사, 회계사, 변리사, 법무사, 여기에 학원과 예식장 등 돈을 많이 번다는 대다수 직종이 지하경제의 루트를 형성하고 있다.

소상공인의 소득세 탈루율은 조사 기관에 따라 천차만별인 만큼 정확하게 계산하기가 쉽지 않다. 조사기관에 따라 21%^{국회예산정책처}에서 48%^{한국조세재정연구원}에 이를 만큼 차이가 크다. 특히 고소득 자영업자를 중심으로 이뤄지는 국세청 세무조사에서는 소득세 탈루율이 53.4%에 이르기도 한다.

국세청은 매년 고소득 자영업자의 탈루 잡기를 역점 과제로 삼는다. 하지만 머리 좋은 고소득자들은 또 다른 탈루 방법을 찾아내고 있다. 그리고 해마다 국세청 공무원들은 신종 탈세 방법을 적발하는 데 골몰한다. 다람쥐 쳇바퀴 도는 모습이다.

정작 문제는 지하에 숨어 있는 이런 거대한 경제의 창고를 정부가 알면서도 제대로 찾아내지 않는다는 인상을 풍긴다는 점이다. 노파심일지 모르지만 정부가 지하경제와 유착이 있는 것은 아닌지 하는 의구심마저 든다. 지하경제의 덫은 언제 제거될까. 세금을 꼬박꼬박 내는 사람들이 억울하지 않은 세상이 과연 만들어질 수 있을지 의문이다.

죄악세를
아는가?

|

국가는 모든 국민에게 커다란 보호막이다. 법과 규정이라는 세세한 간섭들이 자유로운 삶을 옥죄기도 하지만 경쟁의 틀 속에서 최소한의 규칙을 정해놓고, 그 속에서 보호막을 만들어 주는 것도 국가이다.

경제인으로 살아가면서 합리적인 인간이 만들어지는 과정도 같은 이치이다. 규칙은 인간이 호모 에코노미쿠스로 살아가는 데 있어 많은 부정적 영향을 주기도 한다. 하지만 인간이 경제 주체의 일원으로서 그나마 손해를 가장 적게 보는 것은 국가가 정해주는 규칙 덕분일 것이다. 그런 규칙마저 없다면, 이 세상은 돈과 권력을 손에 쥔 자들에 의해 일방적으로 흘러갈지도 모른다.

하지만 이런 소소한 규칙 중 유달리 경제인들을 괴롭히는 것이 있으니, 바로 세금이다. 물론 소득이 있는 곳에 세금이 있다는 원칙을 고려한다면, 세금은 소득의 재분배와 극단적인 부의 불균형을 바로잡는 선의 역할을 하는 것도 사실이다. 그러나 지구상의 누구를 붙잡고 물어봐도 세금을 좋아한다고 말할 사람은 없다.

그렇기 때문에 국가와 개인의 양자적 관점을 대입할 때 가장 불평이 많고, 기분 나쁜 분쟁구조를 만들어 내는 도구가 바로 세금이다. 이치가 이러한데, 하물며 세금이란 말에 '죄악'이란 개념이 붙는다면 어떨까.

죄악세는 영어로 'sin tax'란 개념으로, 우리 국민의 귀에 실질적으로 들어온 것은 그리 오래되지 않았다. 세금이라는 말 자체가 돈을 내야 하는 사람들의 머릿속에 이미 '나쁜' 의미로 각인되어 있는데, 무엇이 그리 나쁘기에 여기에 또 한 번 부정적 의미를 덧붙인단 말인가?

그래서 처음 언론에서 '죄악'이란 단어가 활자화되었을 때 사람들은 세금에 대한 거부 반응을 느끼기도 전에 호기심과 두려움이라는 정서적 반감부터 가졌던 게 사실이다. 그리고 더욱이 죄악이라는 것을 구성하게 하는 내용물을 본 순간에는 한층 더했을 것이다. 다른 것도 아닌 술과 담배 등에 세금을 더 내게 한다는 것이기 때문이다. 애주가에게 술은 기분을 들뜨게 하는 행복의 매개체요 애연가에게 담배는 기호식품인데, 이를 범죄로 몰아 세금을 부과하다니 기분이 좋을 리가 없다.

여기까지라면 그나마 다행이다. 술은 그렇다 치고, 요즘처럼 담배를 금기시하는 사회적 분위기에서 건강에 아무런 도움이 되지 않는 담배에 세금을 한껏 매겨 아예 흡연의 욕구를 사라지게 하는 것도 좋은 방법이라고 여기는 사람이 많을 테니 말이다.

하지만 세금을 매기려는 논리의 한 축을 좀 더 들어가 보면 상황은 조금 달라진다. 조세 입안자들의 머리는 결국 한 푼의 세금이라도 더 거두려고 고민하기 마련이다. 이런 개념을 대입하면 결국은 죄악세라는 개념 자체도 나라의 곳간을 조금이라도 더 채우려는 동기가 개입되었다고 볼 수 있다.

그러나 국민의 대다수, 하물며 술과 담배를 즐기는 사람들조차도 정부의 그런 과세 욕구를 제대로 모르고 있다. 정부는 이토록 절묘하게 세금을 매길 구실을 고안해 낸다. 그러니 죄악세에는 분명 절묘한 과세 함정이 개입되어 있을지 모른다.

죄악세라는 개념은 어디서 만들어진 것일까? 아마 이를 알게 되면 애주가나 애연가들의 기분은 더욱 씁쓸해질 것이다. 죄악세라는 개념이 처음 등장한 것은 16세기 즈음이다. 역사에 조금이나마 관심 있는 사람들은 16세기 유럽 문화가 어떠했는지 알 것이다.

당시 로마 교황청 주변에는 온갖 좋지 않은 사회적 이물질들이 침투해 있었다. 매춘은 물론, 가장 성스러운 지위가 되어야 할 성직에도 매매 행위가 빈번히 일어나고 있었다. 이는 조선시대에 돈으로 양반을 사고팔던 행위와는 비교가 안 되는 것이었다.

과거나 현재나 정부를 이끌어 가는 리더들의 머리는 참 기발하다. 당시 정권의 주인공은 교황 레오 10세$^{Pope Leo X}$로, 그는 금융업으로 출발해서 수백 년 동안 피렌체를 주무른 메디치 가문 출신이었다. 8세에 성직으로 입문하자마자 주교 자리를 얻었고, 이어서 16세에 추기경에 선임되는 등 파격적인 행보를 보였다.

교황의 자리에 오른 뒤 스스로 레오 10세라는 이름을 골랐을 때, 그의 나이는 37세였다. 그는 역대 어느 교황보다도 돈이 많았지만, 정작 그렇게 많은 돈을 제대로 쓸 줄은 몰랐다. 워낙 절제하지 못하고 낭비를 일삼은 바람에 돈은 금세 바닥났다.

레오 10세는 여기서 한 가지 꾀를 냈다. 교황이 가진 사면권을 이용한 것이다. 이것이 바로 저 유명한 면죄부 판매였다. 여기에 하나 더, 그는 자신의 과다한 지출을 충당하기 위해 매춘업을 허가하면서 면허를 받은 매춘부들에게 세금을 거두었다. 죄악세는 이렇게 그럴듯한 이름으로 출발했다.

죄악세는 이후 시대를 거쳐가며 때로는 우화처럼 재미있는 상황을 만들어 내기도 하고, 때로는 민란에 버금가는 사회적 소요를 일으키기도 했다. 그 유명한 표트르^{pyotr} 대제는 러시아의 낙후가 턱수염 때문이라며 구레나룻을 기른 사람에게 세금을 물렸고, 미국에서는 알렉산더 해밀턴$^{Alexander Hamilton}$이 지나친 음주에서 미국인을 보호한다는 명분으로 위스키에 세금을 부과하기도 했다.

우리나라에서 죄악세라는 개념이 본격적으로 등장한 것은 그리 오래 되지 않았지만, 그래도 굳이 죄악세라는 개념을 대입한다면 지금으로부터 100여 년 전으로 올라간다. 구한말인 1909년, 술과 담배에 세금을 붙인 주류세와 연초세가 동시에 만들어진 것이다.

죄악세는 이처럼 다양한 사회적 분위기와 구실 속에서 만들어졌지만, 과세라는 경제적 의미로 연결될 때는 그 의미와 명분이 좀 더 복잡해진다. 죄악세라는 개념에 가장 근본적으로 따라붙는 경제적 용어가 이른바 '외부불경제external diseconomy'이다.

도무지 단어만 갖고는 이해할 수 없는 외부불경제라는 말은 찬찬히 뜯어보면 의외로 쉽다. 즉 술과 담배, 도박처럼 특정 행위가 타인에게 도움을 주지 못하고 사회경제적으로 비용을 발생시킨다는 뜻이다. 쉽게 말해 국민건강을 위해서도 세금을 붙여야 한다는 것이다.

정부는 여기에 참으로 기가 막힌 수학적 개념을 도입한다. 국책연구원인 조세연구원은 외부불경제가 국민경제에 미치는 손실을 정확한 수치로 만들어 냈다. 그에 따르면 흡연과 음주 등 외부불경제 품목이 발생시키는 사회적 손실 비용이 무려 24조 6,148억 원에 이른다. 정부는 이를 토대로 '흡연과 음주에 따른 사회적 폐해가 커지고 있지만, 현행 조세 체계가 약해 이를 강화할 필요가 있다'며 도입의 당위성에 목소리를 높였다.

사실 제도의 입안자인 정부 입장에서도 죄악세는 그리 어렵지 않다. 죄악세라는 것이 기본적으로 담배와 술 등의 세율을 높이는 것이고, 특정집단을 대상으로 세금을 매기는 것이기 때문에 조세 저항도 상대적으로 적을 수 있다. 크게 물가 걱정을 하지 않아도 된다.

아마 경제의 선진화 정도가 낮았던 30년 전만 해도 죄악세를 도입하는 일은 어렵지 않았을 것이다. 하지만 세상은 많이 변했다. 정부의 정책과 이를 연결하는 국민의 정서적 반응도가 인터넷이 발달한 덕분에 과거보다 한층 빨라진 것이다. 이 때문에 죄악세에 대한 국민의 반감 역시 생각보다 엄청난 강도로 정부에 전달된다.

과거 정부가 이 세금에 대한 도입의 필요성을 외부에 내놓자 일반 국민은 나쁜 감정을 직설적으로 품어냈다. 정부로서는 글로벌 금융위기 이후 바닥이 난 나라 곳간을 채우기 위한 절묘한 아이디어라고 생각해서 꺼냈는데, 세금에 대해 국민이 너무나 많이 알고 있었던 것이다.

그렇다면 죄악세를 도입할 때 늘어나는 세금은 과연 얼마나 되기에 정부가 이렇게 제도를 도입하기 위해 안달일까. 그리고 국민은 왜 이에 대해 나쁜 감정을 토해내는 것일까.

우선 술로 걷은 세금을 보자. 2021년 걷힌 주세는 2조 6,734억 원에 달했다. 그나마 코로나19로 사회적 거리두기가 극심하게 진행되며 1년 전보다 11.1%^{3,350억 원}가 줄었다. 2011년^{2조 5,293억 원} 이후 가장 적은 규모다. 코로나19가 확산하기 시작한 2020년에도 주세는 전년 대비 14.1%^{4,957억 원} 줄었다. 2020년 국내 유흥용 맥주의 반출량은 69만 8,000킬로리터^ㅏ로 코로나19가 확산되기 이전인 2019년^{90만 8,000킬로리터} 보다 23.1% 줄었다. 소주 역시 46만 5,000킬로리터에서 40만 킬로리터로 14% 줄었다.

하지만 코로나19가 완전히 종식된다면 주세는 순식간에 껑충 뛸 것이다. 2022년 4월 1일부터 맥주에 1년 전보다 2.5% 오른 킬로리터당 85만 5,200원의 세금이 붙었다. 전년 소비자 물가 상승률^{2.5%}을 반영해 세율을 조정하도록 법에 규정돼 있기 때문이다.

술과 함께 '죄악세'에 포함되는 담뱃세는 어떨까. 2021년 담배 제세부담금은 11조 7,000억 원으로 술과 같이 전년보다 2.1% 감소했다. 제세부담금은 개별소비세, 담배소비세 등 각종 세금과 건강증진부담금 등 준조세 성격의 부담금을 합한 것이다.

담배가격의 70% 이상이 제세부담금이다. 금연자가 많이 늘기를 바라지만 인플레이션에 취업자도 그리 늘지 않아 담뱃세도 다시 늘지 않을까. 텅 빈 나라 곳간을 채우려 정부가 또 언제 담뱃값을 올리겠다고 나설지 모를 일이다.

단순하지만 안타까운 것은 담배나 술에 붙는 세금이 소득에 상관없이 모든 이들에게 동일하게 부과된다는 것이다. 부자가 마시나 일용노동자가 마시나 소주 한 잔에 붙는 세금은 같다는 뜻인데, 결국 서민들의 부담이 부자들보다 상대적으로 더욱 클 수밖에 없다. 100만 원을 버는 사람이나 1,000만 원을 버는 사람이나 세금 증가폭이 똑같다면 당연히 100만 원 소득자의 피부에 와닿는 부담이 더 클 수밖에 없지 않겠는가.

더욱 근본적으로 짚고 넘어갈 부분이 있다. 그것은 과연 죄악세라는 것이 정부가 명분으로 내건 것처럼 국민건강에 도움이 될 수 있느냐의 문제이다.

담배야 건강에 대한 사람들의 관심이 갈수록 높아져 흡연량이 줄어들지 몰라도 술은 가격을 올려도 주량은 크게 줄지 않는다. 흡연의 경우, 담배를 피우는 사람의 소득이 오히려 낮다는 분석까지 있는 걸 보면 죄악세의 타깃이 어디인지에 대한 근본적인 질문을 던지지 않을 수 없다.

2007년 10월 성균관대학교 경제학과 박사 과정의 이순국 씨가 한국재정학회 주최 추계 정기학술대회에서 발표한 논문은 참 흥미롭다. 이 씨는 〈담배 소비의 경제적 효과 분석〉에서

25~65세 성인남녀 4,755명을 대상으로 흡연과 연간 소득을 놓고 분석했다.

그 결과, 남성이나 여성 모두 비흡연자가 흡연자보다 소득이 높은 것으로 나타났다. 남자의 경우, 흡연자의 소득 평균값은 205.02인데 비해 비흡연자는 234.48로 훨씬 높았다. 과거 담배를 피웠다가 현재는 피우지 않는 흡연 경험자의 경우는 227.21로 흡연자와 비흡연자 사이에 있었으며 남자 평균치는 215.53이었다.

또 하나 흥미로운 조사 결과도 있다. 충북의대 의료관리학과 이진석 교수가 2005년에 실시한 조사에 따르면, 저소득층이 고소득층보다 담배 소비에 지출하는 비용이 더 많다는 것이었다. 2004년 말 담배가격을 인상하기 2주 전 시점에서 흡연자 700명, 비흡연자 300명을 전화로 설문조사를 한 뒤 추적 관찰한 결과를 토대로 한 것이다.

조사 결과, 월평균 소득액 95만 원 미만 계층이 담배 구입비 79,670원으로 가장 높았으며, 295만~395만 원 미만 계층이 50,242원, 495만 원 이상이 50,154원을 지출한 것으로 나타났다. 저소득층이 고소득층에 비해 절대 흡연량이 많아 소득이 낮을수록 담배에 큰 비용을 들인다는 얘기이다.

결국 순수한 경제 논리로만 따진다면, 죄악세가 동일 세율로 매겨지면 가난한 사람들에게만 한층 타격을 준다는 결론이 도출되는 셈이다. 정부도 이 부분에서 딜레마에 빠질 수 있다. 겉으로야 부인하지만, 죄악세의 기본 도입 속내가 나라 곳간을 채우는 일인데, 자칫 '부자 감세 = 서민 증세'라는 교묘한 정치적 선전도구로만 매몰되어 곳간도 못 채우고 인심만 잃을 수 있기 때문이다. 죄악세는 이래저래 많은 덫을 깔고 있다.

당신이 몰라서 못 찾는
돈이 있다
ㅣ

대학원생 F에게 세금이란 단어는 솔직히 낯설다. 아니 귀찮고, 이따금씩 겁이 나기도 한다. 세금이란 것이 사실 국가기관에 돈을 바치는 행위라고 생각하기 십상이다. 이제 막 사회생활에 발을 내딛기 전인 그 역시 마찬가지이다. 납세라는 기본적인 단어는 물론이고, 신문에 이따금 나오는 '과표課標'라는 단어도 암호와 같았다. 그가 세금에 대해 그나마 아는 것은 연말이 되면 등장하는 연말정산 정도가 고작이었다.

그래서 세금에서 기껏 고맙게 느껴지는 것은 '환급'이란 단어이다. 이런 F가 선배들과 얘기하다가 귀가 번쩍 뜨인 일이 하나 있었다. 선배들은 '서류', '영수증', '환급'이라고 하면서 대화를 나누고 있었고, F는 그들의 대화에 참견하고 싶은 마음에 그게 무슨 뜻인지를 슬쩍 물어보았다.

아무 생각 없이 던진 질문에 선배는 뜻밖에도 중요한 정보를 하나 던져주었다. 대학원생이 연구비로 지원받는 돈 중 원천징수가 되는 부분은 돌려받을 수 있다는 얘기였다. 선배는 올해 받는 연구비를 내년에 신청하면 되고, 자기는 영수증이랑 서류를 준비한다며 '영수증을 떼어 5월 중에 국세청 홈택스*에서 신청하면 된다'고 친절히 설명해 주었다.

대학원생이어서 한 푼이 아쉬웠던 그는 돈을 돌려받을 수 있다는 말에 귀가 솔깃했다. 그리고 1년여가 흐른 뒤, 그는 학부 사무실의 조교로부터 안내 공지를 받았다. '기타 소득세 환급'이라는 글자가 적혀 있었다. 하지만 정작 돈을 받으려니 헷갈리는 게 한두 가지가 아니었다. 평소 경제 쪽에 지식이 거의 없는 데다가 세금이라는 것이 도대체가 어려운 용어들의 퍼즐 같았다.

그래도 국세청 홈택스에서 신청하면 된다는 말을 듣고 일단 프로그램을 설치하고 접속을 했지만, 도대체 무슨 말인지 이해할 수가 없었다. 그러다 겨우 알아낸 것은 학교 총무과까지 가지 않더라도 인터넷으로 작년도 연구비 영수증을 발급

---

* http://www.hometax.go.kr

받을 수 있다는 것이었다. 그러잖아도 바쁜데 얼마나 받겠냐 싶어 집어치우고 싶은 마음이 굴뚝같았지만, 내 처지에 한 푼이라도 더 챙겨야겠다는 마음에 다시 시도를 했다.

그러던 중 F는 몇 달 전 조교로부터 받았던 한글문서를 하나 떠올리게 되었다. 지우지 않고 놔두었던 문서를 열어보니 '납세자연맹'이라는 곳에서 대학원생들의 원천징수된 연구비를 대신 환급받아 준다는 내용이 적혀 있었다.

10%의 후원금을 내달라는 말에 잠깐 흔들리긴 했지만, 신청도 못하고 돈을 날릴 바에야 좋은 일도 하고 권리도 찾는, 일거양득이라는 생각에 홈페이지에 가입했다. 신청 절차가 그리 어렵지 않기에 연맹 측에 서류를 우편으로 보내줬다. 그리고 두어 달 뒤인 7월, F는 연구비가 입금되는 날이라서 그러려니 하고 통장을 열어보았다. 그런데 웬일인가! 30만 원 가까이 되는 돈이 환급비로 들어와 있었다.

지방의 공과계열 대학원에 재학 중인 M도 똑같은 경험을 했다. 그는 여러 가지 프로젝트에 소속되어 있어서 그리 많지는 않지만 연구비를 받으며 학비와 생활비를 충당하고 있었다. 어느 날 한 동료로부터 '연구비에서 낸 세금 환불받았어?'라는 생소한 질문을 받은 그는, 앞서 F처럼 여러 통로를 통해 적지 않은 돈을 환급받게 되었다.

연구비의 일부를 세금으로 징수했던 것은, M 같은 학생들이 정식으로 소득 활동을 하는 게 아니기 때문에 이를 전액 혹은 일부 다시 환급해 주는 것이라고 한다. M는 이어 8월에는 주민세까지도 환급을 받아 25만 원가량을 더 받을 수 있었다.

사람들은 세금이라는 단어에 대해 어떻게 생각할까? 세금이라는 제도 자체가 만들어진 게 개인의 경제행위에 대한 비용의 개념으로 설정된 만큼 나라에 돈을 바치는 것으로 여기는 게 대다수의 생각이다. 납세, 징세라는 단어가 일반인들에게 익숙한 것도 이 때문이다.

사람들은 세금을 한 푼이라도 덜 내려고 하고, 세금을 내지 않기 위한 온갖 부정한 행위를 생각해 내곤 한다. 오죽하면 국세청, 세무서에 다닌다는 말만 나와도 사람들이 무서워할까. 그나마 세금이 반가운 때는 연말정산인데, 독신 직장인들 중엔 그마저도 환급보다 토해내는 게 많은 사람이 적지 않다.

직장인들은 그래도 자기가 낸 세금 중 일부를 돌려받을 수 있다는 생각에 연말이면 들뜨지만 대학원생이나 프리랜서, 비정규직 근로자, 경품 당첨자 등 이른바 기타 소득자들은 연말정산 때가 되면 상대적 박탈감을 느끼게 된다. 그들 중 직장인들의 연말정산처럼 세금을 돌려받을 수 있다는 개념을 제대로 터득하고 있는 사람들은 그리 많지 않다. '세금은 무조건 거둬가는 것'이라는 일방적 편견이 품어낸 그늘이다.

하지만 세금도 찾아갈 수 있는 부분이 있다. 세금은 기본적으로 의무의 개념이지만, 국가에 낸 돈이 너무 많으면 그걸 찾아가는 것은 국민의 권리이다. 앞서 등장한 F나 M은 그런 권리를 쟁취한 사람들이다.

현행 제도를 보면 기타 소득자들은 급여를 받을 때 8.8%를 국가가 원천징수한다. 그런데 이들에게도 일반 월급쟁이처럼 구제받을 길이 있다. 바로 5월 종합소득세 확정신고인데, 원천징수로 낸 세금의 전액 또는 대부분을 돌려받을 수 있는 것이다. 기타 소득이란 대학원생이 조사연구 프로젝트에 참여해 얻은 일시적 소득이나 프리랜서의 원고료, 각종 강연료, 제세공과금을 떼고 받은 경품 당첨금 등이 해당된다.

흥미로운 사실은, 기업들이 4대 보험과 퇴직금 부담을 피하려고 비정규직 근로자의 상당수를 기타 소득자로 신고하고 있다는 점이다. 결국 정규직 근로자는 5월 소득세 확정신고를 통해 세금의 상당 부분을 돌려받을 수 있는 셈이다.

어찌 보면 쉬운 환급 개념이지만 많은 사람이 귀찮아서, 아니면 세금이라는 단어 자체에 대한 두려움 때문에 마땅히 돌려받을 수 있는 돈을 쉽게 포기하곤 한다. 잘 사는 사람들은 온갖 방법을 동원해서 세금을 내지 않는 방법을 택하는데, 정작 종합소득세 환급 대상인 돈이 상대적으로 적은 사람들은 어렵사리 거둬들일 수 있는 돈도 자기 지갑 속에 넣지 못하는 것이다.

세금은 분명 어렵지만, 인간의 실생활이다. 나라가 국민을 위해 세금을 찾아서 보내주는 일은 없다. 세금은 피하는 것만이 능사가 아니다. 때로는 덫을 파내어 숨어 있는 소득을 찾아내는 길도 있다. 부지런한 새가 먹이를 먼저 찾고, 목마른 사람이 먼저 샘을 파는 법이다.

머니
코드
4

정부
정부라는 이름의 거대한 금융회사

선거를 통해 정권이 만들어지면, 정부는 표를 얻기 위해 끊임없이 경기를 살려야 한다. 선거가 없을 때는 가만히 있다가 선거 때만 되면 온갖 정책들이 쏟아지는 걸 봐도 금세 알 수 있다. 선거 과정에서 의도적으로 인플레를 유발하는 것이다. 하지만 평범한 국민들은 이런 구조를 까맣게 모른다.

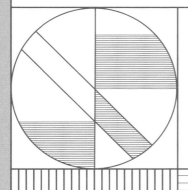

1 인플레라는 이름의 독배
2 물가, 일자리, 그리고 통계

① 인플레라는 이름의 독배

참을 수 없는
인플레의 유혹

아프리카 남부의 최빈국 짐바브웨. 2022년 4월 1일. 우리의 만우절에 이 나라는 정말 거짓말과 같은 정책을 발표했다. 기준 금리를 60%에서 80%로 인상한 것이다. 이 나라의 통화를 미국 달러화로 바꾸려던 사람들은 하루 만에 3분의 2밖에 받지 못하게 됐다. 어찌 됐든 짐바브웨는 이로서 '세계 최고 금리'의 기록을 세웠다.

짐바브웨의 금리가 이렇게 된 이유는 간단하다. 코로나19 이후 전 세계적으로 물가가 오르는 상황에서 러시아의 우크라이나 침공으로 식품과 연료 가격이 치솟았기 때문이다. 그렇다고 짐바브웨의 물가가 어느 날 뚝딱하듯이 오른 것은 아니다. 이 나라는 오래전부터 세계에서 둘째가라면 서러울 정도로 물가가 높았다.

2006년으로 돌아가 보자. 이곳 수도 하라레Harare에서 휴지 한 통을 사려면 145,750 짐바브웨달러z$. 미화약 69센트가 필요했다. 살인적인 인플레가 이어지면서 돈을 주고 휴지를 사느니 500짐바브웨달러 지폐로 용변을 처리하는 게 더 싸게 먹힌다는 말이 나올 정도였다.

살인적인 물가 상승률에 공립학교의 학비와 공공서비스 요금은 도시 근로자의 1년 수입을 훌쩍 넘었다. 돈을 가진 사람들은 연리 4~10%의 은행에 돈을 맡기는 대신 옥수수나 설탕 등 현물을 확보하느라고 아귀다툼을 벌였다. 2006년 5월, 뉴욕타임스의 기사는 이런 상황을 함축적으로 보여준다.

"이 나라에서 아침의 차 한 잔과 휴지, 빵, 마가린, 고기 등은 상상할 수 없는 사치품이 되고 있다."

인플레는 통제할 수 없는 또 다른 인플레를 낳았다. 불과 2년 후, 짐바브웨 정부는 물가가 220만 %까지 올라가자 1,000억 짐바브웨달러짜리 지폐를 발행하면서 경제를 돌아가게 하려

했다. 그러나 1,000억 짐바브웨달러 한 장으로도 빵 두 덩이, 계란 3개밖에 사지 못했고 술을 한 잔 마시거나 물건 좀 제대로 사려면 돈을 자루째 들고 다녀도 모자랐다. 전 국민이 갑자기 억만장자가 되었다고나 할까?

경제학적으로 '하이퍼인플레이션hyperinflation'•이란 단어가 있다지만 이런 경제용어로도 설명할 수 없는 상황이 발생한 것이다. 왜 이런 말도 안 되는 상황이 벌어졌을까? 이유는 어찌 보면 단순했다. 25년 넘게 독재를 휘둘러온 로버트 무가베Robert Gabriel Mugabe 대통령이 권력을 유지하기 위해 측근들로 내각을 구성하고 지지자들과 잠재적인 정적을 매수하기 위해 마구 돈을 찍어냈던 것이다. 돈을 마구 찍어내다 보니 돈의 가치가 신기루처럼 사라졌다. 정부가 인플레이션을 조장한 셈이다.

짐바브웨의 사례는 역설적으로 인플레이션이 부리는 마술이 어떤 것인지를 쉽게 보여준다. 당신이 짐바브웨달러를 갖고 있었다고 생각해 보자. 아마 당신은 하룻밤 자고 일어날 때마다 돈이 연기처럼 사라지는 현상을 보고 소스라치게 놀랄 것이다.

•   단기간에 심한 물가 상승이 발생하는 현상

하루 전에 배추 한 포기를 1,000원에 샀는데, 다음 날은 1,000원을 갖고 반 포기, 아니 반의반 포기도 사지 못하게 되는 것이다. 당신은 아무 잘못도 하지 않았는데 다음 날 같은 돈으로 절반밖에 물건을 살 수 없다면 무슨 악몽을 꾼 것처럼 느껴질 것이다.

그나마 물건을 사는 입장은 덜하다. 돈을 다른 사람에게 빌려주었다면 어떤 상황이 벌어질까? 이자를 받지 않고 돈을 빌려줬다고 치자. 아마 한 달 뒤 당신이 돌려받은 돈으로 살 수 있는 물건을 보면 기겁을 하게 될 것이다. 하지만 돈을 빌린 사람은 이불을 뒤집어쓰고 웃어도 통쾌함을 감출 수 없을 것이다. 돈을 빌린 사람은 원금을 하나도 갚지 않고도 빚이 절반 이하로 줄어드는 마법을 경험하게 된다.

짐바브웨의 사례를 들었지만, 역사적으로 이보다 더 살인적인 인플레이션이 있었다. 그것은 바로 오늘날 어엿한 선진국으로 유럽 경제를 떠받치고 있는 독일이다. 독일 바이마르 공화국이 겪은 인플레이션은 악몽 그 자체였다.

제1차 세계대전 패전 직후인 1920년대로 들어선 바이마르 공화국 시절, 프랑스 등 승전국은 독일이 다시는 군비를 확장하지 못하도록 천문학적인 전쟁 배상금을 요구했다. 프랑스와 벨기에 연합군은 독일이 배상금을 제때 갚지 못하자 독일 북부의 공업지대인 루르 지방을 점령하기도 했다. 바이마르

공화국은 이를 갚기 위해 천문학적인 규모의 마르크화를 찍어냈다.

결과는 참담했다. 독일은 이미 제1차 세계대전의 전비를 조달하기 위해 재정 지출 증가분의 86.3%를 불환지폐, 즉 금으로 바꿔주지 않는 종이돈을 발행했다. 시중의 돈이 가뜩이나 넘쳐나는 상황에서 정부는 1,320억 마르크의 전쟁 배상금을 갚기 위해 또다시 돈을 찍어낸 것이다.

1913년 이후 10년 동안 독일의 물가는 1조 4,230억 배에 달했다. 인플레가 절정에 달한 1923년 11월에는 총 통화량이 4해 33경 8,326조 마르크까지 팽창했다. 시간대별로 물가가 오르다 보니 그해 7월부터 11월 사이에만 물가가 370만 배나 폭등했다.

식당에서는 식사를 시작할 때 1,000억 마르크였던 음식값이 식사가 끝날 무렵에는 1,150억 마르크가 되고, 계산서를 받을 때쯤엔 1,250억 마르크로 둔갑하는 상황까지 발생했다. 버터 1파운드는 3조 마르크, 쇠고기 1파운드는 2조 5,000억 마르크, 신발 한 켤레는 32조 마르크에 이르기도 했다. 1923년 11월 제국은행은 급기야 100조 마르크라는 천문학적인 고액권 지폐를 찍어내는 지경에 이르렀다.

돈의 가치가 얼마나 폭락했으면 주정뱅이가 쌓아둔 술병의 가치가 술값만큼 저축한 사람의 예금 잔액보다 높았다는 얘기까지 회자되었다. 경제학자 케인스는 '인플레율이 높을 때는 택시를 타고, 낮을 때는 버스를 타라'고 말하기도 했다. 택시는 내릴 때 돈을 내고, 버스는 탈 때 돈을 낸다는 점을 인플레에 비유한 것이다.

1923년에 총리로 취임한 슈트레제만이 구舊 1조 마르크화와 바꿀 수 있는 신新 1마르크화를 만드는 화폐개혁을 단행하고 화폐 발행을 엄격하게 금지함으로써 가까스로 인플레가 안정되기 시작했지만, 얼마 되지 않아 1929년부터 대공황이 시작되면서 독일은 더욱 피폐해졌다. 결국 이는 나치라는 독재 정권을 탄생시키는 밑거름이 되고 만다.

독일이 전쟁 과정에서 어쩔 수 없이 끔찍한 인플레의 악몽을 꾸었다면, 정부가 빚을 갚기 위해 인플레를 악용하는 사례도 적지 않았다. 정부 스스로 인플레의 함정에 빠지는 것이다. 프랑스의 루이 15세Louis XV 때 바로 그런 상황이 발생했다. 당시 섭정을 했던 오를레앙Orléans 공은 빚을 감당하기 어렵자, 지폐를 마구잡이로 찍어냈고, 이에 돈의 가치가 추락하면서 자연스럽게 정부가 진 빚도 줄어들었다.

골탕을 먹은 것은 국민이었다. 은행에 돈을 맡긴 국민은 인플레가 치솟으면서 자신의 돈이 휴지 조각이 되는 것을 경험했다. 이후 프랑스 국민은 '은행bank'이라는 말을 금기시하는 상황에 이르렀다. 지금도 소시에떼 제너럴Société Générale

과 같은 프랑스의 대표적인 은행에 뱅크라는 이름은 붙지 않는다.

이런 상황은 저술가인 맥스 샤피로Max Shapiro가 쓴《인플레로 돈 버는 사람들The Penniless Billionaires》에도 나타나 있다. 이 책은 역사상 많은 최고 권력자들이 거대한 빚을 갚는 데 가장 쉬운 방법으로 통화를 마구 찍어낸 사례들을 소개하면서, 로마제국과 프랑스왕국의 멸망이 결국 인플레와 연관이 있다고 주장한다. 샤피로는 '물가 상승 때문에 큰 이득을 보는 사람들에 의해 인플레가 조장된다'고 지적하고 있다.

그의 말이 몹시 이단적인 발언으로 들릴지 모르지만, 지금 이 순간에도 지구상 어느 곳에선가 일어나는 현실일지 모른다. 이런 모습은 시장경제가 제대로 자리 잡지 못한 과거 유물이라 치부하더라도, 현대사회에서까지 정부가 인플레의 유혹을 떨쳐내지 못하는 이유는 무엇일까.

그것은 아마 수백 년 전 프랑스의 상황과 크게 다르지 않을 것이다. 사실 경제구조상 인플레는 빚을 진 사람으로서는 참으로 환상적인 마술이다. 인플레를 통해 빚의 부담이 줄어드는 상황은 개인이나 기업도 마찬가지지만 정부로서는 무척 매력적인 카드가 된다. 전후 독일처럼 폭발적인 인플레가 발생하면 문제겠지만, 통제 가능한 수준이라면 차입자인 정부 입장에서는 빚을 줄이는 데 그만큼 매혹적인 도구가 없을 테니 말이다.

자본주의는 인플레를 먹고 자란다는 말도 있듯이, 적정한 인플레는 투자를 촉진해서 경제성장에 큰 도움을 준다. 따라서 정부는 항상 적정한 인플레의 경계선에서 아슬아슬한 줄타기를 하면서 경기부양과 인플레의 샛길을 걸으며 끊임없이 유혹에 빠져들곤 한다.

하지만 여기서 또 다른 문제가 발생한다. 근대 국가는 과거 야경국가 시대보다 정부 역할이 한층 강조되고 있다. 국민의 복지를 책임져야 하기 때문이다. 시장을 구성하는 국민 개개인이 알아서 삶을 영위해 가면 좋겠지만, '부의 사각지대', 즉 실업자와 노인을 포함한 취약 계층이 생기기 마련이고, 그것을 책임져야 하는 게 정부의 역할이다. 시장경제를 하는 나라들이 대부분 '작은 정부론'을 말한다지만, 현대사회에서 정부는 구조적으로 '큰 정부'의 길을 걸을 수밖에 없다.

윤리 교과서에서까지 나오는 '요람에서 무덤까지'라는 말은 국민의 복지를 책임지는 정부의 상징적 단어이다. 코로나 19 이후 전 세계가 재정을 물 쓰듯 하고 있지만 그래도 '재정 준칙'이라고 해서 하나의 규율로 어느 정도의 선은 지키려 하고 있다.

미국처럼 달러화를 기축통화*로 갖고 있는 국가는 위기의 식이 덜하지만 우리나라 같은 국가는 재정이 파탄 나면 외환위기 때처럼 금 모으기를 해야 하는 상황에 몰릴 수 있다. 경제 상황이 극도의 위기에 몰릴 경우라면 모르지만 가급적 정부는 나랏돈 사용을 최대한 자제해야 하는 것이다. 이런 금기를 버리면 제 아무리 선진국이라도 남의 나라 신세를 져야 하는 상황으로 몰릴 수 있다.

글로벌 금융위기 직후인 2010년대 초반 불어닥친 유럽의 재정난은 정부가 요람에서 무덤까지 책임지려다 스스로 무덤을 판 결과다. 바로 유럽의 '복지병'이다. 달콤한 복지의 비스킷이 국가를 빚의 구렁텅이에 빠뜨린 것이다.

글로벌 금융위기 이후 전 세계를 다시 위기의 굴레로 몰아넣은 촉매제 역할을 한 그리스를 보자. 사실 그리스가 위기에 빠진 것은 과도한 복지 시스템에서 비롯되었다. 천문학적인 빚더미에 앉은 그리스는 EU^{유럽연합}와 IMF에 손을 벌리는 신세가 되고 말았다.

그리스는 2009년 재정 적자가 GDP의 13.6%에 달했다. 적자 예산이 십수 년째 계속되면서 빚만 3,000억 유로에 이르렀다. 개인으로 치면 마이너스 통장을 쓴 셈이다. 곶감을 빼먹듯 돈을 쓴 규모가 자기도 모르는 사이에 1년 소득을 훌쩍 넘어

* 국제간의 결제나 금융 거래의 기본이 되는 화폐

선 것이다.

그리스가 이렇게 막대한 빚을 떠안게 된 이유는 유럽의 다른 국가들과 별반 다르지 않다. 자신의 능력을 뛰어넘는 사회 보장제도 때문이었다. 국민은 정부가 주는 복지의 꿀을 즐겼고, 침을 흘리는 국민을 향해 정부는 끊임없이 젖을 들이댔다. 이른바 '포퓰리즘populism, 대중영합주의'이다.

그리스에서는 사회당과 신민주당이 교대로 집권하면서 국민에 영합하는 인기 위주의 정책을 쏟아냈다. 오랜 기간 군정 치하에서 억압받았던 사회당은 1980년대 집권 기간에 좌파 인사들에게 대거 평생직장을 제공하면서 공공 부문을 늘렸다.

우파도 별반 다르지 않았다. 2004년 집권한 신민주당도 겉으로는 경제 자유화를 약속했지만 일자리를 주고 표를 구걸했다. 신민주당 집권 5년간 증가한 공무원 숫자만 75,000명이다.

그러나 달콤함은 오래가지 못했다. 현재 그리스에서는 공공 부문 종사자의 25%가 과잉인력, 즉 없어도 되는 인력이다. 4분의 1을 잘라내도 행정이 돌아가는 데 아무 지장이 없다는 얘기이다. 여기다 공무원에 대한 처우는 유럽의 다른 나라보다 훨씬 낫다. 1995~2008년 공무원의 연평균 실질임금 상승률이 3.1%로, 유로존유로화를 함께 쓰는 16개국 평균인 1.25%의 2배가 넘었다.

이러는 사이 사회보장 지출은 점점 늘어났다. OECD에 따르면 그리스의 사회보장 관련 지출은 2006년 기준으로 GDP 대비 18%에 달해 OECD 평균 15.2%를 넘어섰다. 사회보장 지출 증가에는 관대한 연금체계가 단단히 한몫을 했다.

그리스의 임금 대비 연금액 비율은 95.1%로 OECD 최고 수준이다. 다른 나라들이 근무 기간 전체, 혹은 15~35년 임금을 기준으로 연금액수를 산정하는 데 반해 그리스는 퇴직 전 5년간 임금을 기준으로 계산하기 때문에 연금을 많이 받을 수밖에 없다. 말 그대로 연금을 펑펑 퍼준 것이니 눈먼 돈이나 다름없었다.

그리스의 경제위기가 연금에서 비롯되었다는 게 알려지면서, 어쩔 수 없이 지원에 나서야 했던 독일이 들끓었다. 독일 국민은 자기들보다 10년이나 일찍 퇴직하고도 훨씬 많은 연금 혜택을 받는 그리스 국민에 분노해 '유로존의 협잡꾼'이라고 비난하기까지 했다. 독일 자민당의 경제통인 프랑크 셰플러Frank Schaeffler 의원은 '그리스는 무인도나 파르테논 신전 등 먼저 팔 수 있는 걸 파는 게 순리'라고 퍼붓기도 했다.

결국 그리스는 유로존과 IMF로부터 1,100억 유로의 구제 기금을 받는 신세로 전락했다. 대가는 혹독한 긴축으로 돌아왔다. 그리스 국민은 앞으로 공무원 복지수당 8% 추가 삭감과 특별 보너스 폐지, 여성 연금수령 연령의 상향60세→65세, 60세

이전 조기 연금 수령 불가 등 강도 높은 긴축정책을 견뎌야 한다. 국민이 달콤한 비스킷을 즐기면서 빠졌던 '복지의 함정'은 이렇게 허무하게 견디기 어려운 고통으로 다가온 것이다.

그리스 국민은 연금과 복지 속에서 행복을 만끽했을 뿐, 정부가 자신들에게 화수분처럼 퍼부어 준 비스킷에 독이 든 것은 꿈에도 몰랐다. 국민 스스로 복지의 함정에 빠져 있었던 것이다. 하지만 이것이 그리스만의 얘기일까?

그나마 유럽 국가들은 선진화한 정치 시스템이 있고 유럽연합이라는 단일화된 체제가 있기에 경제 위기도 일정 부분 복원할 수 있다. 하지만 이런 것도 없이 석유만 믿고 나랏돈을 펑펑 쓰다가 망가진 국가가 있다. 우리가 지극히 많이 들어본 나라, 바로 베네수엘라다. 우리의 국가부채가 문제가 될 때 언론과 일부 정치인들이 비유를 들어 '대네수엘라_{대한민국+베네수엘라}'가 될 수 있다고 했던 나라다.

베네수엘라의 경제를 보면 짐바브웨 이상의 기록을 갖고 있다. 2021년 7월 1일 이 나라는 화폐 단위를 축소하는 이른바 리디노미네이션_{redenomination}을 3년 만에 다시 추진한다고 밝혔다. 살인적인 물가 상승세가 이어지자 극약 처방을 연이어 꺼낸 것이다.

베네수엘라는 이 나라 통화인 볼리바르 지폐에서 0을 여섯 개 빼는 100만 대 1 화폐 개혁을 했다. 100만 볼리바르가 1볼

리바르가 되는 것으로, 321만 9,000볼리바르 수준인 1달러가 3.2볼리바르가 되는 셈이다.

베네수엘라가 석유 부국임에도 이렇게 몰락한 이유는 정치인들의 잘못된 정책 때문이었다. 국민에 환심을 사는 데만 급급해 각종 포퓰리즘 복지 정책을 남발했고 이 바람에 물가는 수천 %씩 걷잡을 수 없이 올랐다.

베네수엘라 정부는 이미 2008년 1,000 대 1, 2018년엔 10만 대 1의 리디노미네이션을 단행했는데 이런 정부를 따라야만 하는 국민들이 안쓰럽게 느껴질 뿐이다.

앞서 유럽의 복지병을 얘기했지만 그렇다고 정부의 역할이 어느 날 갑자기 작아지는 건 아니다. 정부에 대한 국민의 기대는 계속되고, 양극화 문제를 해결하기 위해서라도 정부는 줄기차게 나라 곳간을 열어야 한다.

그렇다면 정부는 무엇으로 제 역할을 할 수 있을까. 그것은 말할 것도 없이 '돈'이다. 정부는 자신의 역할에 충실하기 위해 차입자가 되어야 한다. 빚을 져서라도 큰 사업을 하려는 욕구에 빠져들지 않을 수 없다. 선거로 만들어지는 정부일수록 이런 욕구는 더하다. 나랏빚이 늘어 미래 세대의 고통이 어떻게 되든 당장 국민의 선택을 받아야 자신들이 살아남을 수 있기 때문이다.

바로 그 때문에 정부는 태생적으로 통화 팽창적인, 즉 돈을 적정량보다 과도하게 퍼주는 정책을 펼칠 수밖에 없다. 중앙은행이 통화 정책을 통해 시중에 퍼주는 돈의 양을 늘린다면, 정부는 재정정책을 통해 돈을 인위적으로 돌린다.

경기침체일수록 이런 경향은 더욱 강해서 소위 '정책 조합 policy mix'이라는 이름으로 재정과 통화, 감세 등 전방위적인 경기부양책을 동원하곤 한다. 경기침체로 민간이 투자를 하지 않고 국민이 지갑을 닫으면, 궁극적으로 정부가 나서서 그 역할을 해야 한다.

문제는, 여기에 쓰이는 막대한 돈을 어떻게 조달할 것이냐이다. 정부의 곳간이 수도꼭지만 틀면 콸콸 쏟아지는 수돗물도 아니고, 결국 방법은 정부 스스로 빚을 내는 길뿐이다. 재정 적자가 끊임없이 늘어날 수밖에 없는 구조이다.

빚이 계속 늘면 정부는 원금은 물론이고 이자조차 갚을 수 없게 되고, 이자를 위해 다시 빚을 내는 구조를 잉태하게 된다. 빚을 갚기 위해 카드 돌려막기를 하는 것과 마찬가지다. 나라의 재정이 감당할 수 없는 수준을 넘어서면 국제신용평가기관들은 여지없이 국가 신용등급을 강등시킨다.

외환위기 당시 우량 등급이었던 우리나라는 불과 3개월 만에 투기 등급으로 떨어져 불량채권국가가 됐다. 정부 자신이 신용불량자 신세로 전락하는 셈이다. 재정 문제로 허덕이는 그리스를 포함한 남유럽 국가들이 바로 이런 악순환에 빠져든 대표적인 사례이다.

　그렇다면 여기서 정부가 택할 수 있는 방법은 무엇일까? 그리스처럼 자체적으로 해결이 불가능한 것이라면 모르지만, 대부분의 정부는 인플레정책에 유혹을 느낀다. 빚이 많은 정부로서는 인플레를 유발하고 통화 가치를 떨어뜨리면 그만큼 상환 부담을 덜 수 있기 때문이다. 인플레의 함정에 서서히 빠져드는 것이다.

　하버드대 케네스 로고프 Kenneth Rogoff 경제학과 교수의 분석에 따르면 정부 채무가 두 배 정도 늘어나면 이후 3년 안에 인플레이션으로 조정이 된다고 한다. 참으로 멋지면서도 쏩쓸한 분석이다.

인플레,
그 달콤한 사탕
|

재정 적자 문제는 더 이상 남의 나라 이야기가 아니다. 하루하루 먹고살기 바쁜 일반 국민은 모르지만, 우리 정부야말로 글로벌 금융위기 이후 적정 인플레라는 수학의 함수 속에서 무던히도 싸우는 몇 안 되는 국가였다.

　그것은 바로 끊임없이 불거지는 정부와 중앙은행인 한국은행 간의 신경전에서 금세 확인할 수 있다. 2010년 초에 기준 금리 인상을 둘러싸고 정부와 한국은행이 벌인 신경전은 우리 정부가 가진 근본적인 인플레 유혹을 에둘러 보여주는 것이었다.

경제학적으로 우리나라의 중앙은행^{한국은행}은 정부가 느끼는 인플레의 유혹을 차단할 수 있는 유일한 기구다. 독립적인 통화정책을 통해 금리를 유효적절하게 조절하고, 이를 통해 인플레가 유발되지 않도록 하는 게 중앙은행의 첫 번째 책무이다. 오죽하면 한국은행의 로비 정면에 '물가안정'이라는 큼지막한 액자가 걸려 있을까.

하지만 역사적으로 볼 때 중앙은행의 독립성은 썩 만족스럽지 못하다. 한때 '재무부^{현 기획재정부} 남대문 출장소'라고 불렸던 말에서 드러나듯, 한국은행은 정부에 예속된 하나의 객체로 인식되었다. 재무부 이재국^{현 금융통화위원회 금융정책국} 사무관 한 사람이 중앙은행 총재를 통제하는 시대도 있었다.

외환위기를 겪으면서 중앙은행의 독립성을 보장하기 위해 한국은행법을 손질하고 금융통화위원회의 독립적 수행 능력을 보장했다지만, 아직도 한국은행의 위상은 기대를 충족하지 못하는 것이 현실이다. 10여 년 전 당시 한국은행 총재가 부임하면서 '중앙은행도 정부다'라는 말을 꺼내고 여기에 한은^{한국은행} 노조가 반발한 것은, 우리 중앙은행의 독립성이 아직도 미성숙 단계임을 보여주는 풍광이다.

이런 상황은 우리 경제가 선진국의 문턱에 다가서는 동안에도 변함이 없다. 코로나19 당시 폭증한 유동성을 거둬들이기 위해 한국은행이 기준 금리를 올리기 시작한 2021년 말과 2022년 초, 한은은 당시 긴축의 시대와 도저히 어우러질 수 없는 행위를 했다. 대통령 선거를 앞둔 2022년 2월초 당시 여당은 자영업자·소상공인 320만 명에게 1인당 1,000만 원씩 지원금을 주고 손실 보상 대상도 대폭 늘리는 내용의 최소 35조 원 규모 추경안추가 경정 예산을 강행하려 했다.

정부의 행위에 시중 금리는 급등했고 이른바 '금리 발작' 현상이 벌어졌다. 추경 재원 조달을 위해 정부가 국채를 수십 조 원을 발행할 것이라는 소식에 국채 금리가 치솟은 것이다. 국채 금리가 오르면 은행 대출 금리 등 시중 금리도 덩달아 올라 자영업자와 서민들의 이자 부담이 커질 수밖에 없는 터, 이에 경제부총리는 한은 총재를 만나 한은이 국채 매입을 통해 금리 발작을 해소해 달라고 요청했다.

대선을 앞두고 뿌릴 수십조 원을 마련하려고 적자 국채를 찍어내고 이로 인해 불러올 부작용을 해결할 역할을 한은에 맡긴 것이다. 정부는 선거에서 이기기 위해 돈을 풀고, 한국은행은 풀린 돈을 회수하기 위해 금리를 올리고. 뒷감당을 위해 한은이 나서는 비정상적인 정책 행위였다. 정치인들과 정책

당국자들이 아무런 죄책감 없이 일을 벌이는 이 나라를 어떻게 평가할 것인가?

중요한 것은 이들에게 던져준 달콤한 사탕을 다시 빼앗기가 무척 어렵다는 점이다. 정부가 경제적 약자들에게 뿌리는 현금 복지는 마약과도 같아 한 번 주입하면 중단하기 쉽지 않다.

정부가 시행한 각종 비과세 감면 조치를 만기가 되어도 쉽사리 거둬들이기 어려운 이유도 바로 이런 배경과 같은 이치이다. 재정 적자로 몸살을 앓은 그리스 등에서 정부가 증세정책을 쓰면서 복지정책을 거둬들이려 하자 수많은 국민들이 궐기한 것은, 정부가 오랫동안 국민에게 던져준 사탕을 다시 빼앗는 일이 얼마나 어려운지를 여실히 보여준다.

하지만 세금을 내는 사람들 입장에서는 상황이 다르다. 월급쟁이의 유리지갑은 기껏 벌어들인 소득을 한 번도 빠지지 않고 세금으로 바친다. 세금을 내기 전에 자신이 번 돈을 만져보기라도 하면 좋으련만 '원천징수'라고 해서 바로바로 떼어간다.

그 돈을 국방이나 치안 등 사회 안정을 위해 쓰는 게 아니라 일하지 않고 노는 사람에게 과도하게 써버린다면 정상적인 노동을 해서 돈을 번 사람들로선 억울하기 짝이 없는 노릇이다. 사회적 취약계층을 위하고 빈부격차를 해소하기 위해 나랏돈을 쓰는 걸 나무랄 수는 없고 그래서도 안 되지만, 자칫 과도한 복지가 열심히 일한 사람과 그렇지 않은 사람 간의 사회적 갈등을 유발할 수 있다는 뜻이다.

물론 인플레의 비율이 적정 수준에만 머물 수 있다면 이런 문제들은 그다지 지적할 필요가 없다. 자본주의는 어차피 인플레를 먹고 자라고 적정한 인플레는 투자를 촉진해서 경제성장에 도움이 되기 때문이다. 각국 정부마다 다르지만 통상 2~3% 정도의 인플레, 즉 그 정도의 물가 상승률이면 경제가 돌아가는 데 윤활유 역할을 할 수 있다고 경제학자들은 말한다.

문제는 인플레 수준이 너무 높아져 버리면, 즉 내 봉급은 3%인데 물가가 올라서 써야 할 돈^{인플레율}이 7~8%까지 올라가버리면 개인으로서는 상대적으로 임금이 깎이는 것으로 느껴질 것이다. 이렇게 되면 개인의 실질소득이 감소하게 되고, 개개인 입장에서는 월급을 더 받으려 하며, 장사를 하는 사람은 가격을 높이는 등 인플레가 인플레를 유발하는 결과로 이어지는 것이다.

더욱이 가계의 실질소득이 줄어들면 그만큼 시장에 가서 쓸 돈이 줄어들고, 이것이 국가 전체의 경제로 이어지면 이른바 내수시장의 침체를 불러와 끝내 경기침체를 유발한다. 이 같은 현상이 장기적으로 계속되면 경제학적 의미의 '스태그플레이션stagflation'•이 올 수 있다.

결국 방법은 중앙은행의 통제가 아니더라도 정부 스스로 적정 인플레 수준을 설정할 수 있는 통제력을 발휘해야 한다는 것인데, 현실적으로 이것이 쉽지 않다는 한계가 있다. 그것은 비단 정부가 지닌 국가부채 때문만은 아니다. 바로 선거라는 민주사회에서의 피할 수 없는 절차상 문제가 도사리고 있는 탓이다.

선거를 통해 정권이 만들어지면, 정부는 표를 얻기 위해 끊임없이 경기를 살려야 한다. 선거가 없을 때는 가만히 있다가 선거 때만 되면 온갖 인기영합주의에 바탕을 둔 정책들이 쏟아지는 걸 봐도 금세 확인된다.

그들에게 나라의 곳간 따위는 중요하지 않다. 선거 과정에서 의도적으로 인플레를 유발하는 것이다. 그들에게는 당장 국민의 표를 얻어 의원 배지를 다는 게 중요하다. 평범한 국민은 이런 구조를 까맣게 모른다.

우리나라와 같이 대통령선거와 지방선거, 국회의원선거 등이 계속 따로따로 돌아가는 국가에서는 이 같은 폐해가 일어날 가능성이 더욱 커진다. 심지어 2022년 대선을 앞두고 당시

• 경제 불황 상태에서도 물가가 오르는 현상

여당은 물론 야당 후보까지 자영업자를 구제한다는 명분 아래 50조 원을 도박판 판돈 내걸 듯 외치는 것을 보면 선거를 앞둔 정치인들에게 인플레이션은 소귀에 경 읽기나 마찬가지라 해도 과언이 아닐 것이다.

주식회사 대한민국의
나랏빚

|

유럽의 복지병을 말하면서, 대한민국 사람들은 콧대 높은 그들을 비웃었을지 모른다. 하지만 대한민국도 어느덧 비웃음과 걱정의 대상이 되고 말았다.

　사실 코로나19 이전만 하더라도 대한민국은 가계빚만 걱정할 수위까지 올라갔을 뿐 기업과 정부는 나름 건전함을 유지하고 있었다. 외환위기를 거치면서 워낙 큰 고통을 겪은지라 국민들은 나랏빚에 대해 걱정을 많이 하고 있고 빚이 많은 기업은 색안경을 끼고 본다.

　하지만 코로나19 이후 상황은 완전히 달라졌다. 3대 경제 주체라는 가계와 기업, 정부의 부채를 모두 더하면 2021년 말 기준으로 5,500조 원을 넘는다. 정부를 제외한 가계와 기업의 빚_{민간 신용}만 4,540조 원으로 GDP의 2.2배를 넘었다. 이 중 자영업자 부채는 909조 2,000억 원에 이른다. 빚이라면 질색하던 대한민국이 어느덧 '부채 공화국'이 된 셈이다.

무엇보다 정부의 부채가 늘어나는 속도를 보면 이 나라가 외환위기를 겪은 곳 맞나 싶을 정도다. 나라를 이끌어가는 국가 지도자들이 통째로 도덕적 해이에 빠져 있다는 생각까지 든다.

사실 10년 전만 해도 한국은 정부의 절대적 빚의 규모만 놓고 볼 때 선진국에 비해 나은 편이었다. 외환위기 때는 물론이고, 2008년 하반기에 전 세계를 휩쓸었던 글로벌 금융위기 속에서 우리나라가 가장 빠른 회복세를 보였던 것은 바로 재정의 건전성이 다른 나라에 비해 양호해 이를 바탕으로 과감하게 재정 확대정책을 펼쳤기 때문이다.

정부는 기회가 있을 때마다 이런 점을 내세우곤 했다. IMF에 따르면 2009년 우리나라의 재정 적자는 GDP 대비 2.8%에 불과했다. 재정 위기의 대표 국가인 포르투갈, 이탈리아 또는 아일랜드, 그리스, 스페인 등 이른바 '피그스PIGS 국가군'과 비교해 6분의 1 수준에 불과했다. 우리의 GDP 대비 국가부채 비중도 2009년 말 35.6%로 주요 20개국G20 평균인 75.1%에 비해 월등하게 낮았다.

하지만 불과 10년 만에 상황은 달라졌다. 대한민국은 더는 나랏빚으로부터 안전한, 그리고 건전하다고 자랑할 수 있는 나라가 아니다. 문재인 정권 5년 동안 정부는 코로나19를 명분으로 고삐 풀린 듯 나라 곳간을 풀어헤쳤다. '다른 나라보다 곳간 사정이 낫다'는 말로 국민들을 현혹하기까지 했다.

그렇다면 우리나라의 빚은 어느 정도나 될까? 2022년 4월 5일 정부가 국무회의에서 의결한 〈2021 회계연도 국가결산보고서〉를 보자. 2021년 우리의 국가부채는 2020년^{1,981조 7,000억 원}보다 214조 7,000억 원^{1-0.8%} 증가한 2,196조 4,000억 원에 달했다.

국가부채는 정부가 갚아야 할 시기가 정해진 빚^{확정부채}에 비확정부채를 더한 것이다. 비확정부채는 언젠가는 국가가 국민에게 줘야 할 돈이지만 당장 갚아야 하는 것은 아니다. 여기에는 공무원·군인 연금 지급 예정액 등이 해당된다.

규모는 당연히 사상 최대의 기록인데, 우리나라 전체의 GDP보다 빚이 더 많은 상황이 생기고 말았다. 우리 경제 전체가 생산한 상품·서비스 총합인 GDP^{2,057조 원}보다 나라의 빚이 더 많아진 것이다. 이것은 국민 한 사람 당 4,000만 원의 빚을 짊어지고 있는 셈이다. 각기 안고 있는 개인의 빚도 감당하기 힘든 판에 나라 빚까지 갚아야 할 판이니 국민의 어깨가 무겁기만 하다.

더욱 걱정은 당장 갚아야 할 국가채무 967조 2,000억 원이다. 역대 정부는 공식적으로 이것만을 정부가 상환해야 하는 빚이라고 강변한다. 논리적 설득력이 떨어지지만 이를 액면 그대로 받아들인다고 해도 1년 동안 늘어난 규모가 120조 6,000억 원에 달한다. 국민 한 사람당 빚을 진 규모로 보면 1,873만 원으로 1년 전보다 240만 원으로 15%나 급증했다.

문재인 정부 임기 말을 기준으로 하면 2017년 660조 원이었던 국가채무가 임기 말 1,075조 원으로 급증했고 GDP 대비 국가채무비율^{D1 기준}은 2017년 36%에서 2022년 50%를 넘겼다. 2011년부터 30%대에 머물렀던 것이 2020년^{43.8%} 처음 40%를 넘어서더니 2022년 50%를 순식간에 돌파한 것이다.

한국경제연구원은 적정 부채 비율에 대해 기축통화국 97.8~114%, 비기축통화국 37.9~38.7%라고 제시했는데 우리의 부채 비율은 이미 이런 한계를 훌쩍 넘어선 셈이다. 하지만 더 걱정인 것은 이런 추세가 당분간 계속될 것이라는 점이다. 윤석열 정부는 재정 건전성을 지키겠다고 선언했지만 어떤 형식으로든 늘어날 가능성이 농후하다.

2021년 IMF가 추산한 나랏빚 전망을 보면 우리나라의 GDP 대비 국가채무 비율은 2024년 60%를 넘고, 2026년 말에는 66.7%까지 올라 주요 35개 선진국 중 국가채무 증가 속도가 가장 빠를 것으로 예상됐다.

정부가 직접 지고 있는 빚은 그나마 낫다. 정작 문제는 공공 기관들의 숨겨진 부채, 여기에 각종 연금의 고갈에 따라 갚아야 할 부채들이다. 이들 빚은 외양상 정부와 관계없는 것처럼 보이지만 결국 최종적인 상환의 책무는 정부에 돌아가게 돼 있다.

공공기관의 부채 증가는 결국 부실로 이어지고, 이를 정부의 직접적인 보증채무와 함께 국가예산으로 메워야 할 공기업 확정 채무, 공적 연금 부족분, 손실 보전 약정, 민자유치사업BTL 미지급금도 모두 나랏빛이다. 통계에 잡히지 않는다고 나 몰라라 할 단계가 절대 아닌 것이다. 정부는 여기에서도 '착한 산타클로스'의 행세를 한다.

문재인 전 대통령은 2017년 5월 취임 이틀 만에 인천공항공사를 찾아 '비정규직 제로'를 외쳤다. 약자를 위한 정책에 많은 사람이 박수를 쳤다. 실제로 문재인 정부 5년간 공공기관 비정규직에서 정규직으로 전환된 인원이 10만 1,720명에 달했다. 2021년 말 기준으로 일반 정규직과 무기계약직을 합한 정규직 인원현원이 41만 4,524명인 것을 고려하면 전체 인원의 24.5%다.

결과는 어땠을까? 2021년 기준으로 공공기관 350곳의 부채 규모는 전년보다 41조 8,000억 원 증가한 583조 원으로, 관련 통계를 공시하기 시작한 2005년 이후 최대를 기록했다. 2017~2021년 문재인 정부 5년간 늘어난 공공기관 부채 규모만 90조 원에 달했다.

특히 비정규직의 정규직화로 국민들은 혹독한 대가를 치러야 했다. 공공기관이 일자리를 늘리면서 인건비 부담은 폭증했다. 2017년 34만 5,000명이었던 공공기관 임직원 수는 작년 44만 3,000명으로 9만 8,000명[28%]이나 늘었다. 같은 기간 직원 복리후생비는 7,667억 원에서 8,594억 원으로 927억 원 증가했다.

반면에 공공기관 신규 채용은 줄었다. 2021년을 보면, 2만 7,053명으로 전년보다 12%[3,683명] 감소했다. 2010~2019년까지 10년간은 신규 채용이 계속 증가했는데 2020년부터 2년 연속 감소했다. 공공기관 인건비가 늘어난 부담은 결국 국민들의 혈세로 때워야 하고, 비정규직을 정규직으로 돌리면서 신규 직원 채용을 줄이는 바람에 젊은이들은 양질의 일자리를 잃어야 했다. 이 세상에 공짜는 없고 '돈은 돈을 속인다'는 현실은 극명하게 증명됐다.

연금은 어떤가? 국회 예산정책처에 따르면 2022년 건강·고용보험 등 4대 사회보험과 공무원·군인 연금 적자를 메우는 데 들어가는 세금이 17조 원이 넘는 것으로 조사되었다. 연 3조 원대에 달하는 공무원 연금 적자야 오래된 문제라고 치부해도 사회보험 적자는 문재인 정부의 이른바 '문재인 케어'로 불리는 건강보험 보장 범위 확대, 실업급여 지급액 인상, 치매 국가책임제 같은 선심 정책이 가져온 결과였다.

더욱이 이를 메우기 위해 국민들은 보험료 부담을 계속적으로 늘려야 했다. 사회보험료가 연 138조 원^{2020년 기준}으로 문재인 정부 출범 전보다 34조 원^{32%}이나 불어났다. 보험료를 올렸지만 17조 원가량 남은 건강보험 적립금이 머지않아 바닥날 전망이다.

국가가 제공해 주는 건강보험의 범위가 넓어질수록 결국 국민 부담이 커진다는 현실을, 이 또한 공짜는 없다는 사실을 국민들은 평소에는 망각하곤 한다. 오죽하면 20대 대통령 선거 과정에서 한 후보가 내세운 '탈모 건보 적용 공약'이 각광을 받고 화제가 됐을까.

어찌됐든 공기업·연금부채를 포함한 광의의 국가부채^{D4}를 기준으로 할 때 우리의 국가부채비율은 이미 2018년에 106%를 넘었다. 2020년부터 2026년까지 국가부채비율 증가 폭은 18.8% 포인트로 OECD 소속 17개 비기축통화국 중 가장 크다. 그런데도 일부 정치권은 '국가부채비율이 세계에서 가장 낮은 축에 속한다'고 강변하면서 돈 풀기 공약을 쏟아내고 있으니 답답할 뿐이다.

우리 앞의 거대한
미래 비용

|

하지만 그뿐인가? 주식회사 대한민국에는 다른 나라에서는 찾아보기 어려운 '미래 비용'이 기다리고 있다. 바로 통일 비용이다. 북한의 돌발변수에 대한 감각이 무뎌진 탓일까? 대다수 국민은 북한의 위협에 대한 감각 상실만큼이나 통일이 가져올 재정 부담에 대해 절실히 느끼지 못한다. 언론을 통해 이따금 통일 비용 얘기가 나오지만, 이를 심각하게 받아들이는 사람은 그리 많지 않다.

통일 비용에 대해서는 많은 연구 논문들이 있는데, 적어도 통일 이후 10년에 걸쳐 우리나라 GDP의 10% 안팎은 족히 들 것으로 예상되고 있다. 매년 100조 원 정도를 통일 이후를 위해 써야 한다는 얘기이다.

하지만 이 또한 수치로 따지면 지표적인 분석에 그칠 수 있다. 통일 비용이 우리가 상정할 수 있는 것보다 훨씬 더 들 수 있기 때문이다. 사회간접자본SOC 구축 같은 문제뿐만 아니라 북한 주민들을 자본주의 습성에 적응하게 하는 데 필요한 정서적이면서도 물질적인 비용이 얼마나 들지는 누구도 추계하기 어렵다.

통일이 미래의 가상현실로 끝날지, 현실적인 문제일지는

알 수 없지만 정부로서는 이에 대한 준비 작업이 필요하고, 그 첫 번째 길은 바로 나라 곳간을 최대한 튼실하게 만들어 놔야 한다는 것이다. 미래 비용 가운데 빼놓을 수 없는 또 하나가 저출산 고령화에 따르는 복지 지출의 문제이다. 인구가 줄어들고, 게다가 노령 인구가 많아진다는 것은 곧 나라에 세금을 낼 사람이 그만큼 적어진다는 걸 의미한다.

영국의 고령화 전문가인 폴 윌리스Paul Willis 박사는 인구 구조의 변화가 가져오는 사회경제적인 충격을 '지진earth-quake'에 따른 자연재해에 빗대어 '인구 지진agequake'이라고 칭했다. 한국은 지금 인구 지진의 늪으로 점점 빠져들고 있다.

국내외 전망기관에서 내놓는 대한민국의 인구 리포트는 충격 그 자체이다. 1960년대 1인당 6명이던 출산율은 세계 꼴찌가 됐다. 1970년만 하더라도 한국의 인구증가율은 G20 중에 남아프리카공화국2.63%, 중국2.59%, 터키2.54%, 브라질2.51%, 인도네시아2.39%에 이어 6번째로 높았다. 2021년 기준 합계출산율은 0.81명, 출생아 수는 26만 명 수준까지 뚝 떨어졌다. 한국은 OECD 38개국 중 유일하게 합계출산율이 1명을 밑도는 나라다.

그렇다고 인구를 늘리기 위해 돈을 쓰지 않은 것도 아니다. 2006년부터 15년 동안 들어간 재정만 380조 원에 달한다. 그런데 결과는 세계 꼴찌이니 돈을 엉뚱한 곳에 썼던지, 사회 전

반에 심각한 결함이 있기 때문일 것이다.

고령화 속도는 이보다 더하다. 한국경제연구원의 조사 결과를 보면 우리나라의 25~54세 핵심 노동인구가 전체 인구에서 차지하는 비중은 2047년에 31.3%까지 경제협력개발기구OECD 국가 중 꼴찌로 추락하는데, 이어서 2060년에는 26.9%까지 쪼그라들 예정이다.

유엔은 65세 이상 고령 인구 비율이 14%를 넘으면 고령사회, 20% 이상이면 초고령사회로 분류하는데 한국은 2017년에 이미 고령사회에 들어섰고, 2025년에는 초고령 사회로 진입한다.

한국의 잠재성장률은 OECD의 전망에 따르면 정부의 정책적 대응과 상황 변화가 없는 한 2033년 0%대0.92%를 거쳐 2047년부터 마이너스대⁻0.02%로 진입하는 것을 피하기 어렵다.

기획재정부에 따르면 2022년 기준으로 향후 10년간 생산가능인구15~64세는 357만 명, 병역인구만 20세 남성는 약 10만 명, 초등학생은 약 113만 명이 줄어들 것으로 전망된다. 생산연령인구가 급격하게 줄어들다 보니 50년 후에는 청년 1명이 노인 1.2명을 부양해야 한다. 노년부양비는 10년 후면 2배, 50년 후엔 5배로 늘어난다.

국민연금은 어떤가? 현재의 국민연금은 적게 내고 많이 받아가는 구조로 설계됐다. 그 결과 국민연금은 현재 수준이 유지

될 경우 2042년 적자로 돌아서고 2055년경에는 기금이 바닥을 보일 것으로 예상된다. 이대로 간다면 2088년에 국민연금 누적 적자가 무려 1경 7조 원에 달하는 것으로 추산되고 있다. 이 비관적 수치조차 합계출산율을 1.32~1.38명 정도로 가정했을 때의 낙관적 수치다. 지금처럼 0.8명으로 뚝 떨어진 초저출산율을 극적으로 반전시키지 못한다면 국민연금은 순식간에 바닥을 드러낼 것이다.

물가, 일자리, 그리고 통계

춤추는 물가에

우는 사람들

|

정부가 인플레의 유혹에 빠진다고 하지만, 그렇다고 물가가 많이 오르는 걸 좋아할 정부는 어디에도 없다. 오히려 정부는 체감 물가, 즉 일반인들이 생각하는 것보다 물가가 덜 오르는 것처럼 보이기를 원한다.

　물가라는 개념 자체가 그렇다. 짐바브웨의 사례에서 똑똑히 보았듯이, 이전에는 먹고사는 비용에 50만 원이 들어갔는

데 해가 바뀌어 같은 물건을 사는 데 드는 비용에 80만 원이 들어갔다면 가만히 앉아 30만 원을 손해 보는 셈이다. 기껏 일을 해서 받은 월급은 그대로인데 생활비가 30만 원 더 들었으면, 노동의 순잔여가치는 그만큼 줄어들 수밖에 없다. 아무리 열심히 일해 봤자 속된 말로 '말짱 도루묵'이라는 얘기이다.

경제학에서 말하는 '세뇨리지seigniorage, 화폐 주조세'란 바로 이것을 이른다. 이른바 '인플레이션 택스inflation tax'라는 개념인데, 국민은 '눈에 보이지 않는 세금'을 내야 하는 셈이다. 그래서 기업에서 임금 인상 협상을 할 때는 항상 소비자물가 상승률을 기준으로 한다.

그런데 물가상승률만큼 임금이 오르는 곳이 얼마나 될까? 심지어 인플레이션이 국가적 화두가 될 만큼 우리 주변의 먹고 타고 즐기는 모든 물가가 천정부지로 치솟은 2002년 5월의 소비자물가도 공식적으로는 5.4%에 그쳤다. 월급쟁이들로선 그만큼 앉아서 손해를 보게 되는 것이다. 코로나19 이후 전 세계적으로 반도체 등 공급망 대란이 일어나고, 여기에 수요 폭증에 따른 인플레이션이 일어난 뒤 뒤따라 온 것이 바로 기업 근로자들의 임금 인상 요구였다.

물가가 올라간 만큼 월급을 올려달라는 것은 당연한 일이다. 수요 인플레이션이 비용 인플레이션으로 전이된 것이다. 이런 인플레이션의 악순환에 대해 한국경제연구원장과 국회

의원을 지낸 김종석 한국뉴욕주립대 석좌교수는 '사회병리현상으로 이어질 수 있다'고 경고하기도 했다.

어찌 되었든 국민들로선 인플레이션 택스가 많은 것에 대해 달가워할 리 없다. 눈에 보이지 않는 세금도 세금인 까닭이다. 물가가 많이 올라서 자신이 같은 돈으로 살 수 있는 물건이 줄어들었는데 좋아할 사람이 어디 있겠는가?

때문에 정부는 국민이 체감 물가가 올라간다고 아무리 아우성을 쳐도 공식화된 물가지표, 즉 소비자물가지수CPI는 최대한 낮게 나오기를 원한다. 물론 수치를 조작하기는 쉽지 않다. 흥미로운 사실은 이런 물가의 논리 속에서 지표로 나타나는 통계에 적지 않은 함정이 깔려 있다는 것이다.

물가와 관련된 통계에서 가장 많이 지적되는 것이 지표물가와 체감물가의 차이다. 소비자들이 느끼는 물가 상승 폭은 훨씬 큰데 지표로는 기껏해야 3~4%가 나오고, 그나마 이 정도로도 엄청나게 높다고 하니 이런 수치를 납득할 국민이 얼마나 될까?

이는 국민들이 물가 수준을 오해하고 있는 것이 아니라 정부가 통계 발표를 만드는 방식에 문제가 있기 때문이다. '물가 통계의 함정'이라고 할까. 이런 문제의 실마리를 조금이나마 풀 단초가 바로 '집값'이다.

코로나19를 거쳐 물가 문제가 우리나라는 물론 전 세계 화두가 된 2022년. 그 해 3월 우리나라의 소비자 물가지수는 전년 동월 대비 4.1% 상승이었다. 10년 3개월 만에 가장 높은 상승률이었지만 정작 소비자들이 느끼는 체감 상승률을 10%가 훨씬 더 되었다. 수입 소고깃값은 30% 넘게 치솟고, 식용유 가격도 20% 넘게 올랐는데 고작 4%라니 이해할 사람은 없었다. 심지어 같은 기간 미국은 물가 상승률이 8.5%라니 그렇다면 미국에서는 생활 자체가 불가능하다는 뜻인가?

그렇다면 왜 이런 상황이 생겼을까? 소비자 물가지수에는 바로 '미친 집값'이 고스란히 빠져 있기 때문이다. 우리의 물가지수는 이른바 자가 주거비를 제외한다. 대출 이자나 재산세 등이 모두 빠진다. 매년 세금이 '징벌적 세제'라는 말이 나올 정도로 폭등하는데 자가 주거비를 빼고 전월세 등락만 반영하니 온전한 물가 상승률이 산정될 리 없다.

미국의 경우 자가 주거비를 포함한 주거비 비중이 물가지수에서 32%나 차지한다. 2010년부터 한국은행이 나서서 자가 주거비를 물가지표에 적용하도록 권고하고, 심지어 국정감사 자리에서도 이 문제가 제기됐음에도 통계청은 모르쇠로 일관했다. 이유도 그럴듯하다. '사회적 합의가 이뤄져야 한다'는 것인데, 그들이 말하는 '사회'는 국민을 말하는 것인지 정부 당국자들이 속한 '그들만의 리그'인지 알 수가 없다.

또 하나 주목할 부분이 '근원 인플레이션'이라는 개념이다.

근원 물가는 개념적으로는 그럴듯하고, 물가의 개념으로 이게 낫지 않나 하는 착각마저 품게 만든다. 하지만 실상 이 개념이 생겨난 유래를 보면 정치인들의 꼼수가 교묘하게 숨어 있음을 발견할 수 있다.

1969년 미국의 제37대 대통령에 취임한 리처드 닉슨 Richard Nixon은 1972년 11월 대선을 앞두고 당시 연방준비제도Fed 의장이었던 아서 번스Arthur Burns에게 확장적 통화정책을 쓰도록 압력을 가했다. 선거 때만 되면 돈을 풀려는 정치인들의 욕구가 어김없이 발현된 것이다.

닉슨의 재선에는 여러 이유가 있었지만 통화 완화 정책이 큰 역할을 한 것은 분명했다. 문제는 이후였다. 돈을 푸는 것은 필연적으로 인플레이션을 유발하기 마련인데 시기가 최악의 상황과 맞물려 버렸다. 1970년대 초반 석유 파동이 터지면서 돈이 풀려 가뜩이나 물가 문제가 우려되던 상황에 기름을 끼얹은 것이다. 꼼수는 이때 등장했다.

번스 의장은 직원들의 반대에도 불구하고 에너지 가격을 소비자물가지수에서 제외하는 방안을 밀어붙였다. 물가 폭등의 주요인은 기름값인데 이를 통화 정책과 관계가 없는 것이라며 제외했으니 논리적으로는 맞을지 몰라도 황당한 일이었다.

소비자물가지수에서 무려 11%나 차지하는 에너지 가격을 제외하니 지수 오름폭은 소비자들의 체감 수준과 동떨어질 수밖에 없었다. 번스는 여기에 당시 엘니뇨 등 이상기후로 식료품 가격이 뛰자 이번에는 소비자물가지수의 25%를 차지하는 식료품마저 지수에서 뺐다.

이런 왜곡된 배경이 자리하는데도 아직까지 근원 물가가 정책 결정의 수단 중 하나로 자리하고 있는 것을 보면 정치인이고, 관료 집단이고 자신들의 유리한 입지를 위해 수치를 이용하는 것은 예나 지금이나 변함이 없는 듯하다. 아무튼 번스 의장은 닉슨 대통령이 '워터게이트 사건'으로 물러난 지 1년 만인 1975년 인플레이션에 문제가 있다고 인정했다.

이 같은 학술적이고 이론적 결함 외에도 물가지표의 구성 원리를 보면 황당한 것들을 더욱 많이 알게 된다. 이른바 지표 물가와 체감물가의 괴리 문제다. 이를 알기 위해서는 지표 물가, 즉 정부가 공표하는 소비자물가지수를 어떻게 만드는지에 대한 접근부터 필요하다.

우리나라의 소비자물가 상승률은 매 5년마다 지수를 개편해서 산정한다. 2020년은 2015년의 물가지수를 100으로 보았을 때의 기준으로 정하고, 2021년부터는 2020년을 기준으로 해서 지수를 산정한다. 선정 기준의 경우 해당 품목의 월평균 소비지출액이 2020년 전체 월평균 소비지출액256만 원의 1만 분의 1 이상256원인 품목이 포함되었다.

대표 품목은 458개로 2015년 기준보다 2개 감소했다. 개별

품목에 대해 가계 소비에서 차지하는 비중에 따라 가중치를 부여해서 지수를 산정한다. 전체로는 1,000인데 평소에 많이 사는 품목일수록 가중치가 높아진다.

맹점은 여기서부터 발생한다. 이 가중치가 현실을 제대로 반영하지 못하는 부분이 적지 않기 때문이다. 품목별 가중치를 한번 보자. 품목 조정이 5년 만에 이뤄지다 보니 코로나 이후 물가가 천정부지로 뛰는데도 2021년 말 가중치는 2017년을 기준으로 한다. 실제로 품목별 가중치를 세세하게 들여다보면 한숨이 나올 정도다.

한 번에 수억 원까지 뛰어오르는 전세의 가중치는 48.9, 월세는 44.8로 전체 물가에서 차지하는 비중이 각각 5%도 안 된다. 반면 10만 원이 채 안 되는 휴대전화료는 36.1에 달한다. 이것만 봐도 물가지표가 얼마나 허술한지 드러난다.

소비자들에게 좀 더 피부에 와닿는 품목을 보자. 이른바 '에그플레이션eggflation'*이라고 해서 코로나 이후 달걀 물가는 소비자들에게 '악' 소리가 날 정도로 뛰었다. 한 해 지표만으로도 30% 이상 뛰었는데 가중치는 2.6에 불과하다. 거의 잘 먹

---

* 계란 가격의 가파른 상승을 지칭하는 용어. 농산물 가격이 상승하는 영향으로 일반 물가가 상승하는 현상인 애그플레이션에서 파생되었다.

지 않는 생선회 가중치의 3분의 1에도 못 미친다. 이러니 장바구니 물가를 말하는 주부들 입에서 좋은 소리가 나올 리 없다.

그나마 이 가중치도 정부가 국민들의 불만을 반영한 결과라고 한다. 10년 전 상황을 보면 황당하기까지 하다. 당시 사람들이 많이 사용하는 휴대폰의 전화요금을 보면, 지수에서 이동통신료의 가중치는 33.8이었다. 반면 먹을거리의 대표격으로 주부들의 장바구니 무게에 그대로 전달되는 신선 채소는 14.5에 그쳤다. 이동통신료가 신선 채소의 2배를 훨씬 넘은 것이다.

매일매일 쓰는 칫솔이나 치약이 0.3으로 선크림 가중치 1.5에 5분의 1에 불과한 것도 고개를 갸우뚱하게 했다. 하물며 여자들의 필수품인 생리대도 선크림보다 못하다.

소비자물가에서 차지하는 비중이 각각 0.19%, 0.21%로 비슷한 배추와 TV는 배춧값이 10% 오르고 TV 가격이 10% 내리면 지수 상으로는 거의 변화가 없다. 하지만 소비자들 입장에서는 몇 년에 한 번 정도 사는 TV와, 필요할 경우 매일 살 수도 있는 배추의 가격 변동은 체감상 차이가 다를 수밖에 없다.

세부 품목이야 그렇다 치자. 요즘처럼 세상이 급변하는 시기에 물가의 가중치 산정을 5년마다 바꾸는 것은 공무원들의 게으름을 질타하지 않을 수 없다. 첨단 시대에 맞춰 예전에는 볼 수 없던 품목들이 계속 생기는 터에 과거의 유물을 그대로 가지고 물가지수를 매기면서 나타나는 왜곡도 무시할 수 없는 변수이기 때문이다. 국민은 치솟는 물가에 울고, 허점투성이인 지표에 또 한 번 운다.

경기가 나빠질수록
물가는 더 올라간다?
|

물가는 통상 경기가 상승할수록 올라가는 것이 상례이다. 이른바 인플레이션의 원리이다. 경기가 나빠질 때 물가가 올라가는 스태그플레이션은 경제정책에서 가장 조심하는 부분이다.

그런데 이상한 일이다. 물가 통계에서 흥미로운 점은 경기 하강기에 유독 사람들이 느끼는 물가의 상승도가 크다는 것이다. '경기도 좋지 않은데 물가가 왜 이리 오르지?' 하는 푸념이 경기 하강기 때마다 곳곳에서 들리는 이유이기도 하다.

왜 이런 현상이 벌어지는 것일까? 단순히 우연일까? 한 연구기관의 분석에 따르면, 외환위기 이후 우리나라는 경기 하강기 동안 필수 소비재의 물가가 상승기보다 더 높은 현상이 나타났다. 소득은 줄어드는데 필수 소비 지출의 물가는 더욱 높아지니 속상할 노릇이다. 국민으로선 경기 하강에 대한 충격파가 더욱 크게 다가올 수밖에 없다.

이 기관이 1985년부터 소비자물가 상승률의 곡선을 분석한 결과를 보면 외환위기 이전에는 평균 물가상승률이 5.6%로 높은 수준이었는데, 외환위기 이후에는 3.2%로 안정되었다. 수치만 놓고 보면 물가가 더 없이 안정될 수가 없지만, 물가상승을 품목별로 보면 상황이 조금 다르다.

외환위기 이전에는 서비스 부문이 물가상승을 이끌었다. 외식 등 개인 서비스 부문은 8.9%의 높은 상승률을 보인 반면에 농축수산물 등 필수 소비재의 가격 상승률은 5.2%로 전체 지수보다 적게 올랐다. TV, 냉장고, 자동차 등 내구재를 포함한 이른바 선택 소비재의 경우엔 2.1% 상승에 그쳤다.

반면 외환위기 이후에는 상황이 확 바뀌었다. 필수 소비재와 교육비의 가격이 상대적으로 높게 올라간 것이다. 필수 소비재와 교육비의 물가상승률은 각각 3.5%, 5.2%로 전체 지수보다 가격이 많이 올랐다. 반면 외환위기 이전에 많이 올랐던 외식비, 기타 서비스 부문은 상승률이 비교적 낮았다. 특히 농축수산물과 가공식품, 석유류의 가격 상승률이 외환위기 이후 상대적으로 더 높았다.

필수 소비재의 가격 상승은 경기 상승기보다는 내려앉을 때 더욱 컸다. 상승기 때 필수 소비재의 평균 상승률은 1.9%였는데 하강기에는 5.5%나 올랐다. 결국 전체 물가도 하강기에 더욱 오르는 현상이 발생한 것이다. 경기 하강기의 평균 상승률이 4.1%였지만, 상승기 때는 2.2% 상승에 그쳤다.

이유는 여러 가지가 있겠지만 우선 생각해 볼 수 있는 게 환율이다. 환율이 경기 하강기에 오르면서 석유류를 비롯한 원자재 가격, 즉 수입 물가가 올라가고 이것이 국내 소비자물가로 옮겨간 것이다.

실제로 외환위기 이후 경기 상승기에는 환율이 연평균 5.3% 내려갔지만 하강기에는 10.5% 상승하는 것으로 나타났다. 우리나라는 양곡의 자급도가 30%도 되지 않을 정도로 농축수산물의 수입 의존도가 높은데, 90년대 들어 하향 안정되어 오던 국제 농산물가격이 2000년대 들어서 크게 올라 연평균 6.1%의 높은 상승률을 보였다.

국제 석유가격도 외환위기 이전에는 평균 20달러 내외 수준에서 안정되어 있었지만 2000년대 들어 매년 수직으로 상승했는데, 국제 상품가격의 변화가 이들 품목의 국내 물가상승에 크게 영향을 미친 셈이다. 농축수산물, 석유제품 가격은 환율 변동에도 민감하게 반응했다. 이 기관이 환율 탄성치를 구해본 결과, 농축수산물과 석유류의 환율 탄성치는 각각 0.22, 0.29로 추정되었다.

환율이 10% 상승할 경우 이들 가격이 각각 2.2, 2.9% 상승함을 뜻한다. 반면에 전체 소비자물가의 환율 탄성치는 0.04에 불과한 것으로 나타나 이들 제품 가격이 환율에 더욱 민감하게 반응했음을 알 수 있다.

또 하나, 경기 하강기에는 필수 소비재의 지출 비중이 높아지는데, 이들의 가격이 더 높아지게 되면 자연스럽게 사람들이 접하는 물가의 상승 체감도가 훨씬 높아질 수밖에 없다. 경제학적으로 통상 물건을 사는 데 부담이 커서 교체 주기가 긴 내구재 품목들은 경기가 좋지 않으면 소비 시점을 뒤로 미룬다. 냉장고, 세탁기, TV, 에어컨, 자동차 등은 살림살이가 좀 더 나아질 때 사도 괜찮기 때문이다.

하지만 필수 소비재는 다르다. 경기가 나빠지더라도 당장 먹고사는 것은 줄일 수 없다. 특히 마이너스 성장을 했던 외환위기 때는 식료품, 주거 등 필수 소비 품목의 지출 비중이 크게 오른 반면에 선택적 소비 항목들은 대부분 내려갔다. 자연스럽게 필수 소비재의 가격이 더 올라가면 가난한 사람들은 물가 상승률을 더욱 높게 느끼게 되고, 실제로 이는 지표로 이어진다.

경기 하강기에 들어오는 돈, 즉 실질소득이 줄어드는 것도 물가가 상대적으로 높게 느껴지는 이유이다. 들어오는 돈은 같거나 줄어들었는데, 물가가 예전과 같이 오른다면 그만큼 물가상승 체감도가 높게 느껴질 수밖에 없다. 경기가 나빠질수록 소득의 감소율이 높은 저소득층일수록 이 같은 체감 물가의 상승률은 훨씬 크게 나타난다.

결국 경제가 어려운 상황에서 체감 물가가 올라가는 것은 단순히 우연이라고 보기 어렵다는 결론이 나온다. 못사는 사람에게는 경기가 나쁠수록 이래저래 고통이 가중되는 셈이다. 따라서 통계지표를 내는 사람에 대한 원망의 지수만 올라가기 마련이다.

내 일자리는
어디로 갔을까
|

물가 통계는 그나마 시장에 가서 직접 확인하고, 허공에다 대고 짜증을 한 번 내면 조금이라도 속이 시원하다. 그것으로도 화가 덜 풀리면 물건을 덜 사면 그만이다.

하지만 통계가 일자리로 이어지면 사정은 달라진다. 자신의 밥그릇 크기를 넘어 생존 자체의 문제이기 때문이다. 정부가 내놓는 일자리 통계에 대한 분통은 그래서 더하다. 정부는 정부대로 국제 기준, 즉 국제노동기구ILO의 기준에 따른 것이라는 논리가 있지만 실상 우리나라의 일자리 통계는 곳곳에 구멍이 적지 않다.

2022년 2월에 서울의 중상위권 대학을 졸업한 28세 P는 사실상 백수다. 군대 제대 후 3학년 때부터 일찌감치 취업 준비를 했고, 졸업 직전부터 100여 개가 넘는 기업에 입사지원서를 냈지만 그를 원하는 기업은 한 군데도 없었다.

재학 시절 졸업을 앞두고 1년이나 원치 않은 휴학을 했지만 소용이 없었다. 결국 P는 억지로 대학원 진학을 생각하고 있다. 하지만 공식 통계상 그는 실업자가 아니다. 대학원을 준비 중인 사람은 실업자가 아니기 때문이다.

수치의 함정은 통계로 그대로 이어지고 있다. 수치만 놓고 보면 우리나라의 고용은 속된 말로 '대단한 수준'이다. 문재인 정부 임기 마지막 달이라고 할 수 있는 2022년 4월의 고용 통계를 보자. 통계청 자료를 보면 4월 취업자 수는 2,807만 8,000명으로 1년 전보다 무려 86만 5,000명이 늘었다. 4월 기준으로 2000년104만 9,000명 이후 22년 만에 증가 폭이 가장 컸다. 2022년 1월 113만 5,000명, 2월 103만 7,000명, 3월 83만 1,000명 등 기록적 수치의 나열이다.

그런데 P는 왜 이렇게 취업이 힘든 것일까. 그가 정말로 능력이 모자라서일까? 여기에 통계의 함정이 도사리고 있다. 고용의 세부 내용을 들여다보면 일자리 증가분의 절반 가까이 되는 42만 4,000명이 60세 이상 고령층이었다. 이는 정부가 세금을 통해 만든 공공 부문 일자리이고 일시적 일자리다.

정부는 겉으로 드러난 일자리 수치만 갖고 '고용 대박'을 외치지만, 젊은이들의 취업과 관계없는 정치인과 관료들의 자랑을 위한 '그들만의 통계'인 셈이다.

실업률 역시 좀 비약하면 '완전 고용'이라고 할 정도로 대단하다. 통상 경제학적으로 자연 실업률, 즉 인플레이션 압력을 유발하지 않는 최저 수준의 실업률을 3~4% 정도로 분석하는 걸 보면 그렇다. 위에 언급된 2022년 4월의 경우 15세 이상 고용률은 62.1%로 작년 동월 대비 1.7% 포인트 올라 동월 기준 최고치를 경신했다. 실업자 수는 86만 4,000명으로 1년 전보다 28만 3,000명 감소했다.

실업률은 3.0%로 1.0% 포인트 떨어지며 집계 기준이 변경된 1999년 6월 이후 4월 기준으로 최저치였다. 이런 수치를 바라보는 P를 비롯한 젊은이들의 가슴만 타들어 가고 열패감은 더욱 커진다.

왜 이런 일이 발생하는 것일까? 우리나라의 실업률 통계를 보면 직업을 갖고 있지 않다고 해서 무조건 실업자에 포함되는 게 아니다. 정부가 공식적으로 통계에 반영하는 실업률은 경제활동 인구, 즉 '만 14세 이상 인구 중 재화나 용역을 생산하기 위해 노동을 제공할 의사와 능력이 있는 사람'을 대상으로 한다. 허점은 경제활동 인구에서 빠지는, 다시 말해서 비경제활동 인구를 구성하는 항목에서 발생한다.

비경제활동 인구는 일할 능력이 있어도 일할 의사가 없거나 일할 능력이 없는 사람이 대상인데, 주부와 학생, 연로자,

장애인 자선사업이나 종교단체에 참여한 사람들이 여기에 들어간다. 진학을 준비하거나 입대를 기다리는 사람, 취업을 위해 학원에 다니는 사람들은 실업자에 들어가지 않는 것이다. 우리나라는 위 통계일 기준으로 취업 준비생만 76만 6,000명에 달한다.

좀 더 현실적으로 얘기해 보자. 구직이 힘들어서, 즉 취업하고 싶어도 취업하지 못해서 도피성으로 진학을 하거나 결혼, 육아, 출산 때문에 직장 경력이 단절된 여성들, 퇴직 후 일자리를 구하는 사람들은 모두 비경제활동 인구에 포함된다. 그렇기 때문에 이들은 실업률 계산 자체에서 빠지는 경우가 상당히 많다. 이들 중 상당수가 취업 의지와 일할 능력이 있는 사람임에도 실업 통계에서 제외되는 것이다.

반면 미국 등이 채택하고 있는 OECD 기준은 최근 4주 내에 구직 활동을 했지만 1시간 이상 일하지 못한 사람들을 모두 실업자로 분류한다. 한국의 실업률이 미국보다 낮게 나올 수밖에 없는 구조이다.

어찌 되었든 이런 이유로 우리나라의 실업률은 평균 9% 가까이에 이르며, OECD 회원국의 절반에도 미치지 못한다. 미국의 실업률이 10% 가까이 이르고 유럽 국가들이 대부분 10%를 넘나드는 점과 비교하면, 대한민국은 일자리의 천국 같은 느낌마저 든다.

통계만 놓고 보면 세간에 자조 섞인 목소리로 떠도는 '이태백^{20대 태반이 백수}'이라는 말은 도대체 어디서, 왜 생겼는지조차 알 수 없다. 이젠 수치만 화려한 '일자리 공화국'이 아니라, 젊은이들이 진정으로 원하는 양질의 일자리가 필요한 때다.

머니코드

초판 1쇄 인쇄일   2022년 06월 23일
초판 1쇄 발행일   2022년 06월 30일

지은이   김영기
발행인   이지연
주간   이미숙
책임편집   이정원
책임디자인   위미경
책임마케팅   이운섭
경영지원   이지연

발행처   ㈜홍익출판미디어그룹
출판등록번호   제 2020-000332 호
출판등록   2020년 12월 07일
주소   서울시 마포구 독막로18길 12, 2층(상수동)
대표전화   02-323-0421
팩스   02-337-0569
메일   editor@hongikbooks.com

ISBN   979-11-9142-084-5 (03320)

※ 이 책은 《돈의 함정》의 신개정판입니다.